Napoléon Bonaparte : était-il musulman ?

Ahmed ABDELKADER

Napoléon **Bonaparte** : était-il
musulman ?

9, chemin des fleurs, F-01210, Ferney.
ISBN : 9798516388095

Dédicace

A celui qui m'a converti à l'amour du savoir ;

Celui qui m'a mis les pieds à l'étrier ;

Celui dont la sagesse a été la boussole de ma vie ;

Celui dont le regard a toujours suffi pour transmettre

le message ;

Celui qui a toujours placé la barre plus haut ;

Celui dont la dette ne peut s'éteindre ;

A la mémoire de mon père auquel j'aurais tant aimé

raconter l'Islam de Napoléon !

Je dédie ce travail.

SOMMAIRE

I.   Prologue   11

II. Perception de l'Islam au siècle de Bonaparte   17

III. Bonaparte avant la campagne d'Égypte   31

IV. Bonaparte général en chef d'un pays musulman   41

   IV.1 Le discours de Bonaparte   43

   IV.2 Bonaparte et Al-Azhar   53

   IV.3 Bonaparte le diplomate   **71**

   IV.4 Le sultan bâtisseur   79

   IV.5 La conquête du pays   83

   IV.6 Le règne par la violence   99

   IV.6.1 La violence au quotidien   101

   IV.6.2 La révolte du Caire   127

   IV.6.3 L'horreur à Jaffa   149

V.   Napoléon, l'anticlérical   171

VI. Napoléon Bonaparte, une interminable controverse   205

I.

Prologue

La question de la conversion de Napoléon Bonaparte à l'islam, vraie ou fausse, est polémique non pas à cause de l'importance de tout ce qui touche à ce personnage hors du commun mais pour les multiples enjeux qu'elle soulève ici et maintenant. Notre objectif n'est ni de l'affirmer ni de l'infirmer mais plutôt de contribuer à éclairer la relation de Bonaparte à l'Islam depuis Brienne jusqu'à Sainte-Hélène.

Nous avons privilégié de décortiquer tous les aspects du séjour de Bonaparte en terre d'islam par l'analyse de son discours mais également à travers les relations entretenues avec les musulmans : l'institution religieuse représentée par les Ulémas d'Al-Azhar, l'activité diplomatique auprès du voisinage, l'œuvre économique et sociale entreprise. Cependant l'essentiel du temps du général en chef va être consacré à la conquête du pays et à la gestion de son règne par la violence ; une violence au quotidien qui atteindra des pics lors de la révolte du Caire et à l'occasion de la campagne de Palestine notamment l'horreur des massacres de Jaffa.

La relation du premier Consul et de l'Empereur au christianisme va être brièvement passée en revue ; ce qui va jeter un éclairage sur sa relation à la religion en général.

Aussi, la retraite de Sainte-Hélène sera l'occasion pour l'homme de parler pour l'Histoire et de donner sa propre version des faits ; ses jugements sur les hommes, sur les évènements et sur les religions.

Mais avant d'aborder la campagne d'Égypte ; nous avons pensé utile de faire un éclairage sur la perception de l'islam en Europe à cette époque. De même, une présentation succincte de la vie de Bonaparte avant l'aventure de l'Orient renseigne sur les principaux évènements de sa vie, sa culture et le début de sa carrière.

Espérant qu'au terme de cette longue et minutieuse enquête, le lecteur se fera une idée précise de la relation de Napoléon Bonaparte à l'islam en toute objectivité et sans parti pris.

La documentation sur le personnage ne manque pas mais il est difficile de trouver des témoignages neutres ; tellement les passions et les controverses sont de mise, hier comme aujourd'hui. Le travail des historiens a beaucoup déblayé le terrain en dressant une bibliographie critique de la plupart des documents relatifs à l'époque. Jean Tulard, par exemple, critique les Mémoires de la duchesse d'Abrantès qu'il « convient toutefois de n'utiliser qu'avec précaution le témoignage de la duchesse d'Abrantès que Théophile Gautier a surnommé, non sans raison, la duchesse d'Abracadabrantès »[1]. Déjà en 1887, le Prince Napoléon a publié Napoléon et ses détracteurs parmi lesquels il cite : Taine, le Prince de Metternich, Bourrienne, Madame de Rémusat, l'Abbé de Pradt et Miot de Mélito. En outre la Restauration a été une période particulièrement riche en publications hostiles à Napoléon aussi bien de la part des royalistes que de la part des intellectuels de l'Église.

Nous avons privilégié des documents authentiques (« Pas d'histoire sans document ni critique du document » comme le dit si souvent Jean Tulard) comme les correspondances et les rapports écrits par Bonaparte lui-même ou son entourage immédiat notamment les quatre

---

[1] Tulard, Jean, *Bibliographie critique des mémoires sur le Consulat et l'Empire écrits ou traduits en français*, Genève, Droz, et Paris, Minard, 1971.

évangélistes de Sainte-Hélène : le Mémorial de Las Cases, le Journal de Gourgaud, les Cahiers de Bertrand, l'histoire de la captivité de Montholon. Pour l'Égypte, nous nous sommes pour la plupart basés sur des témoins oculaires. Les sources arabes de l'époque sont essentiellement les relations de Al-Gabarti et de Nikoula, traduits de l'arabe et publiés dès 1838 par Alexandre Cardin, Drogman Chancelier du Consulat Général de France en Égypte. Le Journal de ce dernier est à considérer avec réserve. « Cet auteur, chrétien oriental, gardait les rancunes de sa religion et de sa race envers les musulmans du Caire. Ses récits ne sauraient être comparés à ceux de Djabarti, qui, lui, narre avec sa belle franchise d'honnête homme et sa honte d'opprimé les actes bons ou mauvais du peuple vainqueur. Nikoula-el-Turk ne peut qu'applaudir de conviction à tout ce qui sera fait en Égypte par les Francs venus pour aider et délivrer ses frères, chrétiens comme eux. »[2]. L'avantage du journal d'Al-Djabarti c'est sa méthode de description exacte et détaillée des faits quotidiens, aussi futiles soient-ils, « faits dont il se

---

[2] Ivray, Jehan d', *Bonaparte et l'Égypte*, Paris, Librairie Alphonse Lemerre, 1914.

fit ensuite l'historien, Abd al-Rahman al- Djabarti, voyait certes dans l'occupation une calamité, mais aussi un jugement divin destiné à châtier ceux auxquels il attribuait la décadence de son pays, à savoir l'administration ottomane et le milieu des notables et des ulémas d'Al- Azhar dont il provenait. »[3].

[3] Al-Jabarti, Abd-al-Rahman, *Journal d'un notable du Caire*, traduit et annoté par J. Cuoq, Paris, Albin Michel, 1979.

II.

Perception de l'Islam en Europe au siècle de Bonaparte

Si la grandeur du dessein, la petitesse des moyens et l'immensité des résultats sont trois mesures du génie de l'homme, qui osera comparer humainement un grand homme de l'histoire moderne à Muhammad ? Les plus fameux n'ont remué que des armes, des lois, des empires ; ils n'ont fondé (quand ils ont fondé quelque chose) que des puissances matérielles, écroulées souvent avec eux. Celui-ci a remué des âmes, des législations, des empires, des peuples, des dynasties, des millions d'hommes sur un tiers du globe habité [...] ; il a fondé sur un livre une nationalité spirituelle qui englobe des peuples de toutes langues et de toutes races et il a inspiré, pour caractère indélébile de cette nationalité musulmane, la haine des faux dieux et la passion du Dieu Unique et immatériel [...]. Philosophe, orateur, apôtre, législateur, guerrier, conquérant d'idées, restaurateur de l'esprit humain, révélateur de dogmes rationnels d'un culte sans images, fondateur de vingt empires terrestres et d'un empire spirituel, voilà Muhammad ! A toutes les échelles où l'on mesure la grandeur humaine, quel homme fut plus grand ?

(Lamartine, Les grands hommes de l'Orient)

L'Europe a découvert l'islam au Moyen-Âge à travers l'Espagne musulmane et les traductions de l'arabe vers le latin aux 13e et 14e siècles. Puis vint le tour des Croisades.

La première traduction du Coran fut faite à Tolède en latin vers 1141 par une équipe dont Robert de Ketene (ou Robert de Retines) au service de Pierre le Vénérable (ordre de l'Abbaye de Cluny), c'était une traduction très approximative dans le contexte des Croisades.

Cette traduction sera révisée par Théodore Buchmann (Bibliander), un théologien réformé, et imprimée à Bâle en 1543. Cette version souleva une vive polémique entre catholiques et réformés opposés au concile de Trente et entraina la prison de l'imprimeur Bâlois Oporinus. Vers la même période, Guillaume Postel écrit un Livre sur l'accord entre le Coran, ou loi de Mahomet, et les évangélistes, où il préfère Mahomet à Luther.

Il faut attendre 1647 pour avoir la première traduction en français par André du Ryer qui fut Consul en Égypte et diplomate en Turquie. Imprimée à Paris, elle fut interdite par le conseil de Conscience sous la pression de Vincent de Paul. Puis vint les traductions latines de Abraham

Hinckelmann à Hambourg (1694) et de Maracci (professeur d'arabe à Rome et confesseur du Pape Innocent XI) à Padoue (1698). La traduction du Coran en français (2 volumes, précédés de la vie du Prophète) par Claude-Etienne Savary est parue à Paris en 1783. Elle s'est inspirée des travaux de Maracci et de la traduction anglaise de George Sale (1734). Ce qui est novateur avec Sale ; c'est que l'islam est considéré comme une religion du monothéisme et c'est cette traduction de Savary que lira Bonaparte.

Les échanges diplomatiques avec l'Orient musulman ont commencé très tôt : les ambassades Ottomanes sont à Paris dès 1533 auprès de François 1er. Guillaume Postel fut l'un des premiers Orientalistes de France ; il participa à l'ambassade de Jean de la Forest envoyé auprès du Sultan Ottoman à Constantinople. Les diplomates vont jouer un rôle prépondérant dans la connaissance mutuelle entre la France et l'Orient musulman. Les écrits de François Savary de Brèves, Ambassadeur de France à la Porte (1591-1605) ainsi que les manuscrits arabes de sa bibliothèque en sont l'illustration. Un autre Ambassadeur auprès de Mehmet IV, Antoine Galland, va donner la première traduction en français du conte des Mille et Une Nuits, publié en douze volumes entre 1704 et 1717. Ces diplomates ont pu négocier les fameuses Capitulations qui reconnaissent la protection du roi de France sur Jérusalem et la Terre Sainte ainsi que des avantages au commerce français par rapport à celui de l'Angleterre ou de Venise. H. Laurens estime que « le véritable orientalisme islamisant naît dans la première moitié du XVIIe siècle. Sur le plan intellectuel, c'est l'application par des érudits catholiques des techniques d'érudition mises au point par les humanistes ; politiquement c'est l'équilibre précaire de l'Europe et de l'Empire ottoman. Le sommet de ce premier orientalisme est cette véritable Encyclopédie de l'Islam qu'est la Bibliothèque Orientale d'Herbelot, publiée en 1697 après trente ans de préparation et grâce au patronage royal. »[4].

L'Empire Ottoman va être à la mode et devient un sujet d'études de quelques auteurs célèbres : Montesquieu (Lettres persanes,1721), Voltaire (Zaïre en 1732, Candide en

---

[4] Laurens, Henry, *Les Origines intellectuelles de l'expédition d'Égypte. L'orientalisme islamisant en France* (1698-1798). Ouvrage publié avec le concours de l'Institut Français d'Études Anatoliennes d'Istanbul. Istanbul-Paris, Éditions Isis, 1987, 259 p. (Coll. « Varia Turcica »).

1759). La mode turque (turbans, caftans, tapis, coussins...) a été véritablement lancée avec un grand Ambassadeur Ottoman auprès de Louis XIV, Müteferrika Süleyman Aga ; une maison de café turc avec des serveurs habillés de façon exotique a été ouverte à Paris en 1686, le Café Procope.

C'est en 1669, sous Louis XIV et à la demande de la Chambre de Commerce de Marseille, que Colbert créa l'École des Jeunes de Langues pour former des interprètes de carrière au lieu des drogmans locaux (turjûman ; interprète en arabe). En 1795, ce fut la création l'École Spéciale des Langues Orientales qui donnera par la suite l'actuel Institut National des Langues et Civilisations Orientales (INALCO).

Les récits des premiers voyageurs datent du Moyen Âge : les Observations de Pierre Belon (1553) sur l'Orient ottoman, les Lettres de Lady Mary Montagu ("Turkish Embassy Letters", 1763) sur les harems de Constantinople et la condition de la femme turque.

Juste avant la Révolution française, deux voyageurs célèbres donnent des impressions contrastées de l'Orient : Claude Savary (Lettres sur l'Égypte, 1785-1786) et le comte de Volney (Voyage en Syrie et en Égypte, 1787)[5]. C'est cette tradition de récits de voyages qui continuera après la campagne de Bonaparte en Égypte : la chronique de Vivant Denon (Voyage dans la Basse et la Haute Égypte, 1802), Chateaubriand (Itinéraire de Paris à Jérusalem, 1811) ; tradition continuée par le mouvement romantique tout au long du XIXe siècle.

La traduction des Mille et Une Nuits par Antoine Galland a renforcé la position du conte oriental dans la culture populaire en France. C'est un nouveau genre qui devient à la mode mis au goût du jour par les génies du Romantisme (Chateaubriand, Hugo et Lamartine). N'est-ce pas Victor Hugo qui disait : « Au siècle de Louis XIV on était helléniste, maintenant on est orientaliste ».

Les contes philosophiques ont introduit le concept de fanatisme accolé à l'Islam mais leur véritable visée était la critique de l'obscurantisme de l'Église. Ainsi la pièce de

---

[5] Volney disait que pour s'établir en Égypte, « il faudra soutenir trois guerres : la première contre l'Angleterre ; la seconde contre la Porte ; mais la troisième, la plus difficile de toutes, contre les musulmans qui forment la population du pays. Cette dernière occasionnera tant de pertes que peut-être doit-elle être considérée comme un obstacle insurmontable. »

NAPOLEON BONAPARTE ÉTAIT-IL MUSULMAN ?

Voltaire sur le fanatisme de l'Islam (1741) a été interdite par le Pape après sa troisième représentation car l'Église avait compris que c'est elle qui était réellement visée.

Voltaire aurait donné plus tard son appréciation de l'Islam et de son prophète qui est aux antipodes des critiques exprimées dans la pièce de théâtre. Et à ce propos, Henry Laurens estime que l'admiration assez tardive de Voltaire pour l'Islam « inspirera Savary qui fera un nouveau Koran, et qui trouvera la morale de l'Islam "fondée sur la loi naturelle." »[6]. Ainsi, Voltaire s'exprima longuement sur les arabes et leur religion dans l'Essai sur les Mœurs (1754) : « A mesure que les mahométans devinrent puissants, ils se polirent. Ces califes, toujours reconnus pour souverains de la religion ; et, en apparence, de l'empire, par ceux qui ne reçoivent plus leurs ordres de si loin, tranquilles dans leur nouvelle Babylone, y font bientôt renaître les arts. Aaron-al-Raschid, contemporain de Charlemagne, plus respecté que ses prédécesseurs, et qui sut se faire obéir jusqu'en Espagne

---

[6] Laurens, Henry, *Les Origines intellectuelles de l'expédition d'Égypte. L'orientalisme islamisant en France (1698-1798)*. Istanbul-Paris, Éditions Isis, 1987.

et aux Indes, ranima les sciences, fit fleurir les arts agréables et utiles, attira les gens de lettres, composa des vers, et fit succéder dans ses vastes États la politesse à la barbarie. Sous lui les Arabes, qui adoptaient déjà les chiffres indiens, les apportèrent en Europe. Nous ne connûmes, en Allemagne et en France, le cours des astres que par le moyen de ces mêmes Arabes. Le mot seul d'Almanach en est encore un témoignage.

L'Almageste de Ptolémée fut alors traduit du grec en arabe par l'astronome Ben - Honaïn. Le calife Al-Mamon fit mesurer géométriquement un degré du méridien, pour déterminer la grandeur de la terre : opération qui n'a été faite en France que plus de huit cents ans après, sous Louis XIV. Ce même astronome, Ben-Honaïn, poussa ses observations assez loin, reconnut ou que Ptolémée avait fixé la plus grande déclinaison du soleil trop au septentrion, ou que l'obliquité de l'écliptique avait changé. Il vit même que la période de trente-six mille ans, qu'on avait assignée au mouvement prétendu des étoiles fixes d'occident en orient, devait être beaucoup raccourcie.

La chimie et la médecine étaient cultivées par les Arabes. La chimie, perfectionnée aujourd'hui par nous, ne nous fut connue que par eux. Nous leur devons de nouveaux remèdes, qu'on nomme les minoratifs, plus doux et plus salutaires que ceux ; qui étaient auparavant en usage dans l'école d'Hippocrate et de Galien. L'algèbre fut une de leurs inventions. Ce terme le montre encore assez ; soit qu'il dérive du mot Al-giabarat, soit plutôt qu'il porte le nom du fameux Arabe Geber, qui enseignait cet art dans notre huitième siècle. Enfin, dès le second siècle de Mahomet, il fallut que les chrétiens d'occident s'instruisissent chez les musulmans.

Une preuve infaillible de la supériorité d'une nation dans les arts de l'esprit, c'est la culture perfectionnée de la poésie. Je ne parle pas de cette poésie enflée et gigantesque, de ce ramas de lieux communs, et insipides sur le soleil, la lune et les étoiles, les montagnes et les mers ; mais de cette poésie sage et hardie, telle qu'elle fleurit du temps d'Auguste, telle qu'on l'a vue renaître sous Louis XIV...

La langue arabe avait l'avantage d'être perfectionnée depuis longtemps ; elle était fixée avant Mahomet, et ne s'est point altérée depuis. Aucun des jargons qu'on parlait alors en Europe n'a pas seulement laissé la moindre trace. De quelque côté que nous nous tournions, il faut avouer que nous n'existons que d'hier. Nous allons plus loin que les autres peuples en plus d'un genre ; et c'est peut-être parce que nous sommes venus les derniers. »[7].

« Toutes ces lois qui, à la polygamie près, sont si austères, et sa doctrine qui est si simple, attirèrent bientôt à sa religion le respect et la confiance. Le dogme surtout de l'unité d'un Dieu, présenté sans mystère, et proportionné à l'intelligence humaine, rangea sous sa loi une foule de nations, et jusqu'à des nègres dans l'Afrique, et à des insulaires dans l'Océan indien.

Cette religion s'appela l'Islamisme, c'est-à-dire résignation à la volonté de Dieu ; et ce seul mot devait faire beaucoup de prosélytes. Ce ne fut point par les armes que l'islamisme s'établit dans plus de la moitié de notre hémisphère, ce fut par l'enthousiasme, par la persuasion, et surtout par l'exemple des vainqueurs, qui a tant de force sur les vaincus…

―――――――――――

[7] Voltaire, Œuvres de Voltaire ; 15-18, *Essai sur les mœurs*, Tome 15 / avec préfaces, avertissements, notes, etc. par M. Beuchot, Paris, Chez Lefèvre, Libraire, 1829.

NAPOLEON BONAPARTE ÉTAIT-IL MUSULMAN ?

Le peu que je viens de dire dément bien tout ce que nos historiens, nos déclamateurs et nos préjugés nous disent ; mais la vérité doit les combattre. »[8]

D'après ce qui précède, on voit que la position de Voltaire par rapport à l'Islam a beaucoup évolué entre 1741 et 1754 et surtout 1767 où dans une lettre au roi de Prusse il fait l'éloge de l'islam pour sa simplicité et qualifie le christianisme «de la plus ridicule, la plus absurde et la plus sanglante religion qui ait jamais infecté le monde. »[9] . Dès qu'il s'en prend aux mystères de la théologie chrétienne, Voltaire fait l'éloge de celle de l'islam qui «est sage, sévère, chaste et humaine: sage puisqu'elle ne tombe pas dans la démence de donner à Dieu des associés, et qu'elle n'a point de mystère ; sévère puisqu'elle défend les jeux de hasard, le vin et les liqueurs fortes, et qu'elle ordonne la prière cinq fois par jour ; chaste, puisqu'elle réduit à quatre femmes ce nombre prodigieux d'épouses qui partageaient le lit de tous les princes de l'Orient ; humaine, puisqu'elle nous ordonne l'aumône, bien plus rigoureusement que le voyage de La

---

[8] Ibid.
[9] Lettre à Frédéric II, roi de Prusse, datée du 5 janvier 1767.

Mecque. Ajoutez à tous ces caractères de vérité, la tolérance. » (Voir l'Examen important de milord Bolingbroke, ou le tombeau du fanatisme, écrit fin 1736). Voltaire souligna la tolérance des Turcs qui accordèrent l'asile en toute liberté au roi de Suède Charles XII alors qu'ailleurs l'intolérance chrétienne est de mise.

Dans la deuxième moitié du 18e siècle, le prophète Mohamed (ou Mahomet) est plus connu comme étant le "législateur des Arabes". Pour Turpin, « Mahomet est plus extraordinaire, il a la gloire d'avoir assujetti à sa législation le Grec et le Barbare, les peuples de l'Inde et du Danube, l'Africain brûlé par le soleil et le Tartare engourdi par le froid. Il est enfin le seul dans les Annales du monde, qui ait associé au titre de législateur celui de Pontife et de Conquérant. »[10]. Ainsi, l'Europe s'est familiarisée petit à petit avec la culture islamique et l'on « a repris la figure du prophète de manière plus positive lors de la Réforme. Au XVIIIe siècle, au moment des guerres entre hommes d'Église et anticléricaux, la figure de Mahomet est devenue

---

[10] Turpin, François-Henri, *Histoire de la vie de Mahomet - Législateur de l'Arabie*, Paris, J.-P. Costard : Veuve Duchesne, 1773.

en quelque sorte un outil de pensée. La culture musulmane n'est donc pas étrangère à la culture européenne mais toujours en dialogue avec celle-ci. »[11].

Cette tendance à une certaine compréhension pour l'Islam va se poursuivre le long du XIXe siècle avec d'illustres intellectuels : Goethe qui disait : « C'est dans l'Islam que je trouve le mieux exprimées mes propres idées » et Thomas Carlyle qui insista sur les qualités du prophète de l'Islam : « Mahomet est un vrai Prophète ; non un imposteur ourdisseur d'intrigues. Un Grand Homme, et par conséquent avant tout un homme sincère ... Mais, dès son jeune âge, il avait été remarqué comme un homme méditatif. Ses compagnons le nommaient « Al Amin, le Fidèle ». Homme de vérité et de fidélité ; vrai dans ce qu'il faisait, dans ce qu'il disait et pensait... Grande âme silencieuse ; il était un de ceux qui ne peuvent que prendre les choses au sérieux ; que la Nature elle-même a destinés à être sincères...L'Islam se propose à sa manière la Négation de Soi, l'Annihilation de Soi. Ceci est encore la plus haute

---

[11] Tolan, John, *Mahomet l'Européen. Histoire des représentations du Prophète en Occident*, Paris, Albin Michel, 2018.

Sagesse que le Ciel ait révélée à notre Terre. »[12]. La Vie de Mahomet (1854) d'Alphonse de Lamartine est de la même veine : « Jamais un homme ne se proposa, volontairement ou involontairement, un but plus sublime, puisque ce but était surhumain : saper les superstitions interposées entre la créature et le Créateur ; rendre Dieu à l'homme et l'homme à Dieu, restaurer l'idée rationnelle et sainte de la divinité dans ce chaos de dieux matériels et défigurés de l'idolâtrie... » (La Vie de Mahomet) [13]. Ces idées ont certainement compté pour la mise à l'index d'une partie de l'œuvre de Lamartine par les censeurs de la Congrégation de la Foi.

---

[12] Carlyle, Thomas, *Les héros : le culte des héros et l'héroïque dans l'histoire* traduction et introduction par J.-B.-J. Izoulet-Loubatières, Paris, Armand Colin et Cie, Editeurs, 1888.
[13] Lamartine, Alphonse de, *Histoire de la Turquie*, Tome 1, Paris, Aux Bureaux du Constitutionnel, 1854.

III.

Bonaparte avant la campagne d'Égypte

C'est dans les temps difficiles que les grandes nations, comme les grands hommes, déploient toute l'énergie de leur caractère, et deviennent un objet d'admiration pour la postérité.

(Napoléon Bonaparte)

Napoléon est né le 15 août 1769 à Ajaccio dans une famille catholique. Sa mère, Laetitia Bonaparte était très croyante et pratiquante. Il reçut une éducation très chrétienne chez les Jésuites d'Ajaccio. A l'École royale militaire de Brienne, sa scolarité (1779-1784) fut encadrée par des religieux. Bainville dira que les Pères Minimes « ne feront pas de leur élève un catholique très pratiquant, et leur religion devait être assez mondaine…Sa première communion, il l'avait faite comme un enfant bien élevé. Et il gardera une prédilection pour le catholicisme. Mais les manifestations de la foi l'étonneront toujours et lui arracheront cette remarque : "Je croyais les hommes réellement plus avancés." Bref, les Pères lui auront laissé de quoi penser au Concordat sans beaucoup plus. »[14] .

A l'âge de 15 ans, Napoléon entre à l'École militaire supérieure de Paris (1784-1785). De là, il est affecté comme sous-lieutenant à un régiment d'artillerie de La Fère.

On trouve parmi ses écrits de jeunesse un penchant pour l'anticléricalisme dans la réfutation de Roustan : « La religion chrétienne est-elle bonne pour la constitution politique d'un État ? Rousseau en doute si peu qu'il dit : « la troisième (c'est-à-dire la religion catholique romaine) est si évidemment mauvaise que c'est perdre le temps que de s'amuser à le démontrer ». Tout ce qui rompt l'unité sociale ne vaut rien. Toutes les institutions qui mettent l'homme en contradiction avec lui-même ne valent rien. Le christianisme défend aux hommes d'obéir à tout ordre opposé à ses lois, à tout ordre injuste émané de la part même du peuple. »[15]. En 1793, il est le capitaine d'artillerie dont le plan réussit à

---

[14] Bainville, Jacques, *Napoléon*, Paris, Arthème Fayard et Cie, Éditeur, 1931, 500 pp. Collection : le livre de poche historique, no 427-428.

[15] Napoléon, Bonaparte, *Napoléon inconnu, papiers inédits (1786-1793)*, publiés par Frédéric Masson et Guido Biagi, accompagnés de notes sur la jeunesse de Napoléon (1769-1793), Tome 1, Paris, Paul Ollendorff, Éditeur, 1895.

chasser la flotte britannique lors du siège de Toulon. Pendant la même année, il écrit Le Souper de Beaucaire, véritable pamphlet politique qui relate une conversation d'un militaire avec des commerçants afin de cesser l'insurrection.

-Le Militaire : « Croyez-moi, Marseillais, secouez le joug du petit nombre des scélérats qui vous conduisent à la contre-révolution, rétablissez vos autorités constituées, acceptez la Constitution, rendez la liberté aux représentants, qu'ils aillent à Paris intercéder pour vous. Vous avez été égarés ; il n'est pas nouveau que le peuple le soit par un petit nombre de conspirateurs et d'intrigants. De tout temps, la facilité et l'ignorance de la multitude ont été la cause de la plupart des guerres civiles »[16].

Toujours la même année, la chance sourit à Bonaparte il est nommé général de brigade le 22 décembre et ce malgré son jeune âge. Déjà, en octobre 1795, il brilla par la répression de l'insurrection royaliste, à la demande de Barras, ce qui lui a valu la promotion au général de division.

---

[16] Ibid.

On le surnommait « général vendémiaire ». Sur ordre de Barras et assisté par Murat, Bonaparte fait tirer (par 400 canons) sur la foule qui perdit environ 300 morts autour de l'église Saint-Roch. C'est le militaire qui rétablit l'ordre sans état d'âme. Et en mars 1796, il est nommé général en chef de l'armée d'Italie. C'est le début d'une grande épopée. Napoléon bat cinq armées autrichiennes, entre victorieux à Milan le 15 mai 1796, organise l'Italie conquise et marche sur l'Autriche avant de conclure avec elle un traité de paix en avril 1797. La négociation aboutie du traité de Campoformio augmente l'aura de Bonaparte qui fut accueilli en héros par le Directoire et élu membre de l'Institut national. Cette image héroïque a été bien servie par une machine de propagande : proclamations à l'armée, presse… ; le Courrier de l'armée d'Italie et La France vue de l'armée d'Italie ainsi que l'utilisation des images et de la peinture (tableaux immortalisant les victoires : bataille du pont d'Arcole immortalisée par Horace Vernet). « Ce que la Gaule avait été à César, l'Italie l'aura été à Bonaparte. » dira Bainville.

Le général Bonaparte va signer le traité de Tolentino (1797) avec les États pontificaux ; ce qui va être très lourd pour le Vatican du pape Pie VI : perte de Bologne, Ferrare et la Romagne, l'obligation de donner une centaine de tableaux et d'œuvres d'art à la France.

Le Directoire va éloigner Bonaparte en lui confiant la campagne d'Égypte (1798-1801) afin de contrôler la route entre l'Angleterre et l'Inde à travers la Mer Rouge. Qu'il ait eu l'intention de l'éloigner ou pas ; ceci importe peu. Toujours est-il qu'il va sortir de Toulon avec une armada d'environ 30 000 hommes ; destination l'Égypte via Malte. Histoire de brouiller les pistes et de s'approvisionner du trésor des Chevaliers.

Le général en chef qui vogue vers Alexandrie n'a pas encore trente ans. Il est plein de fougue, la fougue de jeunesse. C'est l'époque où il dit de lui-même qu'il « vole comme l'éclair et frappe comme la foudre ». C'est un conquérant qui rêve de gloire dans le style Alexandre ou Jules César. Ces lectures de jeunesse l'ont familiarisé avec l'Orient islamique et son histoire. Il a même des écrits de jeunesse dans ce sens. Sa culture historique est variée et convenable pour l'époque. Il aurait lu « Rousseau, bien sûr, et des historiens, des philosophes, Tacite et Montaigne, Platon, Montesquieu, Tite-Live. Et puis des poètes,

Corneille, Racine, Voltaire… »[17]. Ce qui est sûr ; c'est ce que sur L'Orient, le navire d'état-major qui l'amenait en Égypte, il s'adonnait à la lecture de la Bible et du Coran. L'on sait également qu'il avait la traduction de Savary qui avait un chapitre introductif sur l'Islam qui ne tarit pas d'éloges sur le prophète. « Mahomet avait reçu de la nature une intelligence supérieure, une raison exquise, une mémoire prodigieuse. Il parlait peu, et se plaisait dans le silence. Son front était toujours serein. Sa conversation était agréable, et son caractère égal. Juste envers tous ; un parent, un étranger, l'homme puissant où le faible ne faisaient jamais pencher la balance dans ses mains. Il ne méprisait point le pauvre à cause de sa pauvreté, et ne révérait point le riche à cause de ses richesses. Il employait le charme de son entretien à gagner le cœur des grands, et réservait sa familiarité pour ses amis. Il écoutait avec patience celui qui lui parlait, et ne se levait jamais le premier. Si quelqu'un lui serrait la main en signe d'amitié, il ne la retirait point avant qu'on ne l'eût prévenu. Il visitait fréquemment ses compagnons d'armes,

---

[17] Bainville, Jacques, *Napoléon*, Paris, Arthème Fayard et Cie, Éditeur, 1931, 500 pp. Collection : le livre de poche historique, no 427-428.

et s'informait de leurs affaires. Conquérant de l'Arabie, il s'asseyait souvent à terre, allumait son feu, et préparait de ses propres mains à manger à ses hôtes. »[18]. Le plus grand spécialiste de Napoléon Bonaparte mentionne des lectures qui nous renseignent sur l'intellectuel et vont expliquer beaucoup de choses. On est en présence d' « un jeune homme profondément influencé par les Lumières.

Il multiplie les lectures et prend des notes, malgré son étonnante mémoire. Ces notes révèlent les autres centres d'intérêt du lecteur : l'Orient vu par Marigny dans son Histoire des Arabes sous le gouvernement des califes, parue en 1750, ou par le baron de Tott dans ses Mémoires sur les Turcs et les Tartares, de 1784, l'histoire de l'Angleterre, les campagnes de Fréderic II, ou encore la crise financière de la monarchie vue à travers les Mémoires apocryphes de l'abbé Terray. »[19]. Ce sont les Mémoires de Tott qui ont les premiers proposé le percement du Canal de Suez et encouragé à la colonisation de l'Égypte (l'ambassadeur de

---

[18] Savary, Claude-Etienne, *Le Coran*, publié à Paris et Amsterdam par G. Dufour, Libraire, réédition de 1821 (1ère édition 1783).
[19] Tulard, Jean, *Le monde selon Napoléon*, Paris, Tallandier, 2015.

France à Constantinople prévoit une dislocation imminente de l'Empire Ottoman et préconise une intervention française en Égypte). Mais François Charles-Roux pense que c'est Magallon, commerçant au Caire « qui ramena sur l'Égypte l'attention du gouvernement révolutionnaire, lorsqu'il vint à Paris demander protection pour les commerçants français. Il en revient consul général ; devenu représentant officiel de la France, il ne cesse d'envoyer à Paris des mémoires demandant la conquête et ce sont ces mémoires qui attirent l'attention de Delacroix, puis de Talleyrand qui les fait siens et décide l'action. [20]»

L'on sait que Bonaparte a fait la connaissance de Constantin de Chasboeuf, Comte de Volney dès 1791. Il tient compte de beaucoup de ses conclusions sur l'Égypte sans toutefois partager ses points de vue sur l'islam. On trouve la première mention de l'Égypte dans une lettre adressée au directoire, le 16 août 1797 : « Les temps ne sont pas éloignés où nous sentirons que, pour détruire

---

[20] Charles-Roux, François, *Les origines de l'expédition d'Égypte*, avec deux cartes. Paris, Plon-Nourrit, 1910.

véritablement l'Angleterre, il faut nous emparer de l'Égypte. »[21] .

---

[21] Lacour-Gayet, G., *Napoléon-Sa vie, son œuvre, son temps*, Paris, Hachette, 1921.

IV.

Bonaparte général en chef d'un pays musulman

Pour cerner la relation de Bonaparte à l'Islam durant son séjour en Orient, nous devons étudier son discours fait de proclamations, ses relations avec l'institution religieuse d'Al-Azhar, les liens diplomatiques qu'il s'efforce d'avoir avec les dirigeants islamiques de la région mais également son activité quotidienne économique et sociale en tant que bâtisseur et la violence qui a caractérisé son règne.

La guerre de Bonaparte est une guerre moderne qui pend en compte tous les aspects : militaires mais aussi culturels, religieux, économiques et sociaux.

IV.1 Le discours de Bonaparte

*Les peuples avec lesquels nous allons vivre sont mahométans ;
leur premier article de foi est celui-ci : « Il n'y a d'autre Dieu
que Dieu, et Mahomet est son prophète ». Ne les contredisez
pas ; agissez avec eux comme vous avez agi avec les Juifs, avec
les Italiens ; ayez des égards pour leurs muphtis et pour leurs
imams, comme vous en avez eu pour les rabbins et les évêques.*
(Bonaparte, Proclamation aux soldats)

L a campagne d'Égypte va révéler les grands talents oratoires de Napoléon ; son éloquence et son génie dans la communication. La clarté du discours et la propagande intelligente font partie de la guerre et s'avèrent indispensables au succès. En effet, les proclamations de Bonaparte sont un outil parfait de propagande et une arme psychologique imparable qui, dans un langage simple et compréhensible de tous, essaye de conquérir la sympathie de la population. Il s'agit d'expliquer, de persuader par tous moyens y compris le mensonge, de mobiliser et de convaincre.

Bonaparte recourt souvent aux proclamations ce qui donne à ses déclarations publiques leur caractère officiel et solennel.

Rien n'est laissé au hasard : informer les soldats des détails de leur mission et de la mentalité des populations, dissiper les craintes des Égyptiens, entrer en relations épistolaires avec les ulémas, avec les pays voisins. Bref ; une campagne de communication tout azimut.

La première étape fut de mobiliser ses propres soldats, de les galvaniser autour de leur mission historique et sacrée qui s'inscrit dans le cadre de la défense de la France, de ses intérêts et de son rayonnement. Cela participe du moral des troupes dès qu'elles savent pour quelles causes elles se battent.

Ainsi, la proclamation à l'armée de terre du 22 juin 1798, une semaine avant le débarquement en Égypte, n'a rien laissé au hasard. Cette première proclamation a un ton didactique et constitue une préparation à la tolérance et aux valeurs des grandes conquêtes historiques (référence aux légions romaines, interdiction du viol). L'Islam est mis sur le même pied d'égalité que le christianisme et le judaïsme :

NAPOLÉON BONAPARTE ÉTAIT-IL MUSULMAN ?

« Les peuples avec lesquels nous allons vivre sont mahométans… Ne les contredisez pas ; agissez avec eux comme vous avez agi avec les Juifs, avec les Italiens ; ayez des égards pour leurs muphtis et pour leurs imams, comme vous en avez eu pour les rabbins et les évêques.

Ayez pour les cérémonies que prescrit l' Alcoran, pour les mosquées, la même tolérance que vous avez eue pour les couvents, pour les synagogues, pour la religion de Moïse et de Jésus-Christ.

Les légions romaines protégeaient toutes les religions… Les peuples chez lesquels nous allons, traitent les femmes différemment que nous ; mais dans tous les pays celui qui viole est un monstre… La première ville que nous allons rencontrer a été bâtie par Alexandre. ». En substance, votre mission est légitime et pour la libération des malheureux exploités par les mameluks (diabolisation de l'ennemi). Vous êtes les héritiers de la grandeur romaine donc vous devez faire comme les légions romaines qui protégeaient les religions.

Le décor est planté : la campagne d'Égypte n'est pas une guerre de religion. Au contraire, nous allons voir que

Bonaparte va utiliser les sentiments religieux pour asseoir sa conquête.

Le message de propagande va se retrouver dans les diverses proclamations que Bonaparte va faire aux populations conquises pour les rassurer quant à leur sécurité et à l'exercice de leur religion. Ce sont des messages courts mais complets.

Dans sa première proclamation prononcée à Alexandrie, Bonaparte rassure avec un procédé très éloquent. Il s'attèle à apporter un démenti à ses détracteurs. Ensuite, il cherche à donner des preuves en utilisant des phrases interrogatives négatives (N'est-ce pas, ne sont-ils pas). Il ne s'agit pas d'une guerre de religion mais plutôt d'une guerre de libération. Le « nous sommes aussi de vrais musulmans » ne peut pas passer inaperçu et même s'il n'est pas cru il rassure surtout si les prétendants ont « été de tous les temps » des amis et des alliés du Sultan :

"Peuple de l'Égypte, on vous dira que je viens pour détruire votre religion, ne le croyez pas ; répondez que je viens vous restituer vos droits, punir les usurpateurs, et que je respecte Dieu, son prophète et l'Alcoran plus que les Mamelouks … Qadhîs, cheykhs, Imâms, dites au peuple que nous sommes aussi de vrais Musulmans. (...) N'est-ce pas nous qui avons détruit le pape, qui disait qu'il fallait faire la guerre aux Musulmans ? N'est-ce pas nous qui avons détruit les chevaliers de Malte, parce que ces insensés croyaient que Dieu voulait qu'ils fissent la guerre aux Musulmans ? N'est-ce pas nous qui avons été dans tous les temps les amis du grand-seigneur (que Dieu accomplisse ses desseins), et l'ennemi de ses ennemis ? Les mamelouks au contraire ne sont-ils pas toujours révoltés contre l'autorité du grand-seigneur, qu'ils méconnaissent encore ? Ils ne font que leurs caprices[22]».

Le décor est planté ; la France ne vient que pour punir les Mamelouks (le casus belli ne manquera pas !) mais elle n'a pas l'intention (pour le moment) de contrarier la Sublime Porte.

La proclamation du 22 juillet 1798 en est l'illustration :

« Peuple du Caire, je suis content de votre conduite. Vous avez bien fait de ne pas prendre parti contre moi. Je

---

[22] Correspondance Napoléon Ier, publiée par ordre de l'Empereur Napoléon III ; « Proclamation », Alexandrie, 13 messidor an VI (1 juillet 1798).

suis venu pour détruire la race des Mameluks, protéger le commerce et les naturels du pays.

Que tous ceux qui ont peur se tranquillisent ; que ceux qui se sont éloignés rentrent dans leurs maisons ; que la prière ait lieu aujourd'hui comme à l'ordinaire, comme je veux qu'elle continue toujours. Ne craignez rien pour vos familles, vos maisons, vos propriétés, et surtout pour la religion du Prophète, que j'aime.

Comme il est urgent que la tranquillité ne soit pas troublée, il y aura un divan de sept personnes qui se réuniront à la mosquée d'El- Azhar. Il y en aura toujours deux près du commandant de la place, et quatre seront occupées à maintenir la tranquillité publique et veiller à la police. ».

Qu'est-ce que le peuple veut de mieux ? Un chef éclairé qui s'entoure d'un conseil de notables, un divan consultatif, et qui par-dessus tout garantit la sécurité des personnes et des biens et aime l'Islam, la religion du prophète.

Dans une note envoyée au Directoire avec un compte-rendu détaillé sur ses combats avec les Mameluks, Bonaparte évalue leurs pertes à plus de 2000 combattants de la cavalerie d'élite alors que les Français s'en tirent avec une vingtaine de morts et 120 blessés environ. L'occupation du Caire s'est accompagnée de beaucoup de saccages dans les maisons des anciens maîtres. Bonaparte qualifiait les Cairotes de « la plus vilaine populace du monde »[23].

C'est en Égypte que Bonaparte va démontrer ses véritables talents d'administrateur. C'est un véritable chef de l'État qui gère tous les départements, toutes les problématiques, la logistique, etc. Il faut tout créer ex-nihilo : une administration des impôts pour mobiliser des recettes capables d'assurer la solde de l'armée, la création d'hôpitaux, la fabrication de munitions, les infrastructures routières, la poste, la réquisition des chevaux pour l'armée, l'approvisionnement des régiments déployés pour l'occupation et la sécurisation du pays. Et avant tout, c'est le chef d'état-major, ministre de la guerre, qui donne des centaines d'ordre à ses généraux allant jusqu'aux détails individuels.

---

[23] Correspondance de Napoléon 1er publiée par ordre de l'Empereur Napoléon III, Tome IV, Paris, Imprimerie Impériale, 1860.

AHMED ABDELKADER

Des ordres donnés au général Kléber à la tête de l'armée d'Alexandrie, des consignes pour le général Menou, chef de la division de Rosette. Des consignes, des renforts, des missions de reconnaissance, des réunions d'état-major ; les journées de Bonaparte sont bien remplies. Autant il se montre conciliant dans ses relations avec l'islam, autant il est dur et implacable avec toute forme de désobéissance ou de rébellion. D'une part, il écrit à l'un de ses généraux : « Vous avez bien fait, citoyen général, de faire fusiller 5 hommes des villages qui s'étaient révoltés... » [24]. Et d'autre part, il présente les Français comme étant les seuls amis de l'Islam : « ... Vous n'ignorez pas que les Français ont été de tout temps, parmi toutes les nations européennes, les seuls amis des musulmans et de l'islamisme, et les ennemis des idolâtres et de leurs superstitions. Ils sont les fidèles et zélés alliés de notre seigneur le sultan, toujours prêts à lui donner des témoignages de leur affection et à venir à son secours ; ils aiment ceux qui l'aiment, et sont les ennemis de ses ennemis : ce qui est la cause de la haine qui existe entre eux et les

_____

[24] Lettre au général Zayonscek du 30 juillet 1798.

Russes, ces irréconciliables ennemis des adorateurs du vrai Dieu, ces perfides Russes qui méditent la prise de Constantinople, et emploient tous les moyens que la ruse et l'astuce peuvent leur fournir pour envahir les pays de l'islamisme. Mais l'attachement des Français pour la Sublime Porte et les puissants secours qui lui donnent, confondront leurs mauvais desseins.

Les Russes désireraient de s'emparer de Sainte-Sophie et des autres temples dédiés au culte du vrai Dieu, pour en faire des églises consacrées aux exercices de leur perverse croyance ; mais, s'il plait au ciel, les Français aideront le sultan à se rendre maître de leur pays et à en exterminer la race.

Nous vous exhortons, habitants de l'Égypte, à ne point vous livrer à des projets de désordre, de sédition, de révolte ; ne cherchez pas à nuire aux troupes françaises ; le résultat d'une conduite : contraire à nos conseils attirerait sur vous les malheurs, la mort et la destruction... »[25]. Au Pacha

---

[25] Correspondance inédite, officielle et confidentielle de Napoléon Bonaparte, Égypte Tome I, Paris, C.L.F. PANCOUCKE,1819.

d'Égypte, il écrivit : « Tu sais que la nation française est la seule et unique alliée que le Sultan ait en Europe… »[26].

D'après le journal de Gabarti[27], historien arabe et témoin oculaire de la campagne de Bonaparte, « les Français avaient fait imprimer une proclamation et l'avaient fait répandre en Égypte, pour rassurer le peuple ». C'était pour la première fois une proclamation en langue arabe largement diffusée par des espions qui devançaient les troupes terrestres. Les proclamations sont traduites en arabe par Jean-Michel de Venture de Paradis qui est l'interprète principal de l'Armée d'Orient. C'est un arabisant, diplomate, fils de diplomate, bien formé par le baron de Tott et expert dans les questions de l'Orient islamique.

---

[26] Lettre au Pacha d'Égypte du 30 juin 1798.
[27] Al-Jabarti, Abdal-Rahman, *Journal d'Abdurrahman Gabarti, pendant l'occupation française en Egypte*, suivi d'un *Précis de la même Campagne* par Mou'Allem Nicolas El-Turki, traduit de l'arabe par Alexandre Cardin, Paris, CHEZ L'ÉDITEUR, RUE JACOB, 19 ; 1838.

IV.2   Bonaparte et Al-Azhar

Les ulémas, les grands cheiks sont les chefs de la nation arabe ; ils ont la confiance et l'affection de tous les habitants de l'Égypte : c'est ce qui a, dans tous les temps, inspiré aux Turcs et aux Mamelouks tant de jalousie contre eux, et les a décidés à les tenir loin du maniement des affaires publiques. Je n'ai pas cru devoir imiter cette politique.

(Bonaparte,

Mémoire sur l'Administration Intérieure)

Le 24 juillet 1798, Bonaparte fait son entrée au Caire où il installe une sorte de gouvernement de la ville dès le lendemain ; le divan.

Le premier contact avec les ulémas était sa rencontre avec les deux émissaires que sont les cheikhs Mustafa Essawi et Suleyman al-Fayoumi, venus s'enquérir des intentions de Bonaparte. Celui-ci les rassura et demanda de rencontrer les ulémas afin de former « un conseil pour assurer la tranquillité de la ville et le cours de la justice » selon l'expression d'Al-Gabarti.

Le général en chef convoqua les notables pour choisir les membres du divan qui doit servir comme gouvernement local et comme courroie de transmission avec Bonaparte. De grandes personnalités furent désignées : les Cheikhs Abdallah Echarkawi (président), Khalil El Bekri et Moustafa Essawi -chaféite-(vice-présidents), Mohamed El-Mehdi (secrétaire), Suleyman Al-Fayoumi (de rite malékite), Moussa Esserissi, Ahmed El-Arichi, Youssouf Chabarkhiti, Mohamed Eddewakhili et Seyed Moustafa Demenhouri (membres).

Le président du Divan n'est autre que la première personnalité religieuse du pays ; Cheikh Abdallah Echerkawi, né en 1737 au village Tawila dans la province de Charquya. Formé auprès des grands imams d'Al-Azhar, mufti dans l'école chaféite et disciple des illustres soufis Cheikh Al-Hafni et Cheikh Mahmoud Al-Kurdi, il était le Cheikh d'Al- Azhar à l'arrivée des Français. Sa vaste culture islamique est attestée par plus d'une dizaine d'ouvrages écrits dans divers domaines dont la théologie et la jurisprudence.

En ce temps, Al- Azhar était l'une plus prestigieuses mosquées et universités du monde islamique avec plus de huit siècles d'existence et la mémoire des grands ulémas qui y ont professé : Ibn Khaldoun, Ibn Hajar entre autres. C'est aussi un campus universitaire international qui reçoit les étudiants de tout le monde islamique qui y sont logés, nourris et entièrement pris en charge par tout un ensemble d'œuvres caritatives. « Outre, les lieux destinés aux prières, il y a plusieurs endroits où les ulémas donnent leurs leçons sur les lois et commentent le Coran. On trouve dans l'intérieur de cet édifice des quartiers appelés rouâgs, ou peuvent loger les étrangers. On y remarque ceux des Syriens, des Persans, des Kurdes, des Nubiens, des Turcs, des Indiens, des habitants de l'Hedjaz, de Bagdad, etc. Il y a aussi des logements destinés aux aveugles, sorte d'infirmité très commune en Égypte. Tous les hôtes de cette mosquée y viennent pour s'instruire, et ce n'est qu'à condition qu'ils se livreront à l'étude que l'entrée leur en est ouverte. Ils sont entretenus aux frais de la mosquée ! Chaque rouâg a son nagher ou directeur, chargé de la surveillance et dépendant d'un directeur principal. On distribue tous les jours trente-huit quintaux de pain, ainsi que de l'huile pour l'éclairage. A la fin de chaque mois on pourvoit aux besoins des étudiants par une légère rétribution en numéraire. »[28].

Invité au dîner chez Cheikh Sadate, le 11 décembre 1797, Bonaparte évoqua le rayonnement des sciences arabes par le passé alors que leur situation actuelle est plutôt proche de l'ignorance. Et Sadat répliqua que toutes les connaissances sont comprises dans le Coran. A Bonaparte qui « demanda si le Coran enseignait à fondre du canon : tous les Cheiks répondirent hardiment que oui. ». Cheikh Sadate, de son nom complet Chems Eddine Mohamed Abu al-Anwar Ibn Abderrahmane Sadate Al-Wafa, était un notable, richissime, très populaire et de grande influence au Caire.

Au lendemain de la révolte du Caire, Bonaparte qui recevait le Cheikh Sadat malgré les soupçons de complicité qui pèsent sur lui disait à Kléber qui demandait qui était ce vieillard : « C'est le chef de la révolte, lui répondit-il. – Eh! quoi ! vous ne le faites pas fusiller ? - Non, ce peuple est

---

[28] Chalbrand (le colonel), *Les Français en Égypte, ou Souvenirs des campagnes d'Égypte et de Syrie* /par un officier de l'expédition ; recueillis et mis en ordre par J.-J.-E. Roy, Tours, Mame et Cie, 1855.

trop étranger, à nous, à nos habitudes ; il lui faut des chefs. J'aime mieux qu'il ait des chefs d'une espèce pareille à celui-ci, qui ne peut ni monter à cheval ni manier le sabre, que de lui en voir comme Mourad-Bey et Osman-Bey. La mort de ce vieillard impotent ne produirait aucun avantage, et aurait pour nous des conséquences plus funestes que vous ne pensez. »[29].

D'autres Cheikhs étaient plus proches de Bonaparte et avaient la cote auprès des Français ; surtout Mohamed El-Mehdi et El-Bekri.

Cheikh Mohamed El-Mehdi, le plus jeune des Ulémas d'Al-Azhar, a beaucoup cru en Bonaparte jusqu'à reprendre ses citations sous forme de vers bien rimés afin de faciliter leur mémorisation et les faire parvenir à une large audience. Il « fut chargé par les Français de missions particulièrement délicates. Il s'en acquitta au mieux de leurs intérêts et de sa propre fortune. »[30]. Et Cheikh Khalil El-Bekri, bon vivant,

---

[29] Napoléon 1er, Campagne d'Égypte et de Syrie : mémoires pour servir à l'histoire de Napoléon, dictés par lui-même à Sainte-Hélène, Tome 2/ et publiés par le général Bertrand, Paris, Au Comptoir des Imprimeurs-Unis, 1847.
[30] Ivray, Jehan d', *Bonaparte et l'Égypte*, Paris, Librairie Alphonse Lemerre, 1914.

d'une grande noblesse religieuse, son ambition et les faveurs que lui accorde Bonaparte en le nommant doyen des chérifs vont souder son alliance avec le général en chef autour d'invitations et de mondanités. Ce qu'il payera très cher après le départ des Français. « Arrêté de ce fait, conduit à Djemélia pieds et poings liés comme un vulgaire malfaiteur, abreuvé d'injures, battu de verges, il sera traîné dans la plus infecte prison… Pendant ce temps sa maison de l'Esbékieh, où si souvent le général était venu lui rendre visite, était livrée au pillage et aux flammes. Il n'en resta que les cendres. »[31].

Pas de temps à perdre. Bonaparte va charmer l'institution religieuse en se présentant comme un vrai ami de l'Islam et un admirateur du prophète qui n'a rien à avoir avec les croisés car profondément acquis à l'unité de Dieu et foncièrement contre la théologie trinitaire. N'est-ce pas lui qui était en guerre contre la papauté ?

---

[31] Ivray, Jehan d', *Bonaparte et l'Égypte*, Paris, Librairie Alphonse Lemerre, 1914.

NAPOLÉON BONAPARTE ÉTAIT-IL MUSULMAN ?

Bonaparte se montre très charitable en ordonnant au Divan du Caire une distribution de blé pour les pauvres. Il va aussi ordonner la célébration, avec faste, du Mouloud, fête de l'anniversaire du prophète Mohamed. Le Journal d'Al-Jabarti nous donne les détails : « Bonaparte ayant voulu savoir pourquoi on ne célébrait pas suivant l'usage la naissance du Prophète, le cheikh Bekri lui répondit que c'était pour éviter de déranger le monde et de faire des dépenses. Cette excuse ne fut pas admise par le général en chef, lui ordonna de faire la fête. Il lui donna trois mille thalaris et voulut que les mosquées fussent illuminées. L'armée française défila au son de la musique et des tambours. La musique du général en chef joua toute la journée devant la maison du cheikh Bekri. Cette musique a beaucoup d'analogie avec la musique turque, elle est composée de toute sorte d'instruments qui rendent un son agréable. Le soir il y eut un feu d'artifice. »[32]. Un témoin

---

[32] Al-Jabarti, Abdal-Rahman, *Journal d'Abdurrahman Gabarti, pendant l'occupation française en Egypte*, suivi d'un *Précis de la même Campagne* par Mou'Allem Nicolas El-Turki, traduit de l'arabe par Alexandre Cardin, Drogman Chancelier du Consulat Générale de France en Égypte, Paris, Chez L'Éditeur, Rue Jacob, 19 ; 1838.

oculaire (Louis de Laus de Boissy dans son *Bonaparte au Caire*) nous renseigne sur l'effet de cet évènement sur la population : « Le peuple fut dans la plus grande joie de voir les Français assister à cette fête, tant Bonaparte avait gagné son amitié et mérité sa reconnaissance…Durant cette journée les habitants paraissaient dans l'ivresse ; on se félicitait, on se faisait des compliments et l'on entendait de tous côtés des cantiques d'actions de grâces. »[33].

C'était vraiment la lune de miel entre Bonaparte et les Cairotes. Le téléphone arabe fonctionne à plein régime ; on invente des fables sur la générosité de l'occupant et même sur sa piété. « L'activité, la facilité avec laquelle il comprit les mœurs des Arabes, le respect profond qu'il affectait pour Allah et le Prophète, changèrent bientôt les opinions. Bonaparte avait débuté par une proclamation de foi musulmane des plus catégoriques ; il s'y disait le disciple convaincu de l'Islam. Jamais il ne perdit l'occasion en écrivant au sultan, aux beys de Tripoli et de Tunis, au sultan de Maroc, au cheik de la Mecque, à l'imam de Mascate, de

---

[33] Ivray, Jehan d', *Bonaparte et l'Égypte*, Paris, Librairie Alphonse Lemerre, 1914.

débuter par la fameuse formule : Il n'y a d'autre Dieu que Dieu et Mahomet est son prophète ; au nom du Dieu clément et Miséricordieux. Il fit respecter avec un soin qui ne se démentit jamais les mosquées, les coutumes et les rites musulmans ; et malgré le danger que cachait l'usage du voile que les femmes du Caire portaient dans les rues, il défendit qu'on les inquiétât à ce sujet. Il fit plus. Le 20 août, jour de la fête du Nil et de Mahomet, Bonaparte en costume oriental se rendit à la grande mosquée et, s'asseyant au milieu des cheiks récita avec eux les litanies musulmanes. Il se remuait, selon le rite, de droite à gauche avec un sérieux imperturbable. Le soir, il dîna à l'orientale chez le principal des cheiks, et se résigna bravement à ne pas se servir de fourchette, pour se conformer aux usages.

Les Arabes virent avec plaisir cette conduite habile ; ils lui donnèrent le nom d'Ali-Bounaberdi, Ali Bonaparte. Dans leur amour de merveilleux, ils finirent par l'inscrire au nombre de leurs saints. Bonaparte devint bientôt un véritable hadji sans avoir été à la Mecque et l'on chanta en son honneur des cantilènes religieuses. Quelques officiers suivirent son exemple. Menou alla plus loin, il embrassa résolument l'Islamisme et, malgré son âge respectable, en adopta toutes les conséquences. Il eut aussi son nouveau nom : Abdallah-Menou. Les soldats en rirent, mais les Arabes acceptèrent gravement ce prosélyte. ».[34]

Est-ce que le général en chef a participé aux séances religieuses ? Les témoignages divergent. Certains estiment que « Bonaparte marqua par sa présence le respect qu'il portait à la foi des Égyptiens. Il assista aux prières récitées dans les mosquées, alla dans son désir de bien faire jusqu'à imiter le Zickre (sorte de litanies que l'on récite en balançant la tête d'abord, puis tout le corps, jusqu'à épuisement des forces) des musulmans dévots. »[35].

Bonaparte annonça un véritable programme à la séance inaugurale du Divan, un programme politique et social (soustraire à la tyrannie, mettre de l'ordre dans l'administration, protéger le faible contre le fort) mais aussi de vastes chantiers (creuser des canaux, premières études du futur Canal de Suez, faire écouler les eaux stagnantes) : « … Aujourd'hui le peuple est misérable, la peur des avanies le

---

[34] Bondois, Paul, *Napoléon et la société de son temps (1793-1821)*, Paris, Felix Alcan, Éditeur, 1895.
[35]Ivray, Jehan d', *Bonaparte et l'Égypte*, Paris, Librairie Alphonse Lemerre, 1914.

force à se cacher derrière le manteau de la pauvreté. Les Français, après avoir apaisé les troubles de leur pays et s'être illustrés par la guerre, se sont occupés du sort de l'Égypte et des moyens de changer sa situation : ils désirent le bien-être des Égyptiens ; ils veulent les soustraire à la tyrannie de ce gouvernement ignorant et négligeant.

Les Français ont vaincu les Mamlouks, n'ont inquiété aucun Égyptien et n'ont fait aucune injustice ; ils sont venus avec l'intention de mettre de l'ordre dans l'administration de ces riches contrées ; ils se proposent de faire écouler les eaux stagnantes, et d'ouvrir, pour la prospérité du sol, un canal vers la mer Méditerranée, et un autre vers la mer Rouge.

Les Français désirant que leur mémoire soit à jamais révérée, sont venus pour protéger le faible contre le fort, et pour entreprendre tout ce qui peut redonner à l'Égypte son antique splendeur. Les Égyptiens doivent être sans inquiétude et témoigner toute confiance et amitié aux Français. »[36] .

---

[36] Al-Jabarti, Abdal-Rahman, *Journal d'Abdurrahman Gabarti, pendant l'occupation française en Égypte*, suivi d'un *Précis de la même Campagne* par

AHMED ABDELKADER

Le premier incident du Divan avec Bonaparte fut l'incident où Echarghawi jeta par terre la décoration offerte par le général en considérant qu'elle constitue un avilissement auprès de Dieu et des coreligionnaires. Ce qui mit Bonaparte en colère. Celui-ci va essayer avec Cheikh Sadate en aparté, après lui avoir offert une bague en diamant ; « il fit apporter une cocarde qu'il plaça sur la poitrine du cheikh : celui-ci ne dit rien, resta encore quelque temps à discourir et se retira.

Quand il fut dehors, il ôta cette cocarde parce que c'est contraire à la religion.

Un crieur public donna ordre au peuple de porter cette même cocarde comme une preuve de soumission et d'amitié. La plupart, persuadés que c'était contraire à la loi du Prophète, se dispensèrent de la porter. Il n'y eut que les gens timides qui la portèrent.

Vers les trois heures de l'après-midi, le crieur public annonça qu'elle ne serait portée que par les personnes en

---

Mou'Allem Nicolas El-Turki, Paris, CHEZ L'ÉDITEUR, RUE JACOB, 19 ; 1838.

charge. Tous ceux qui se présentaient devant le général en chef devaient porter la cocarde. On la mettait avant d'entrer et on l'ôtait en sortant. ».[37]

Lors de la séance inaugurale du Divan général représentant plusieurs provinces, le nom du Cheikh Echarkawi fut avancé pour la présidence mais Bonaparte répliqua que c'est au scrutin de décider. Le Cheikh obtint la majorité des voix mais l'activité consultative du Divan va être suspendue par la révolte du Caire. Elle fut reprise plus tard sous forme d'un Divan général de soixante membres dont un noyau de quatorze constitue l'organe le plus actif.

Dans sa stratégie de conquête, Bonaparte comptait beaucoup sur le rôle des Ulémas d'Al-Azhar. Il avait déjà une idée approximative du poids de cette institution qu'il veut mettre de son côté. Il la qualifiait de « Sorbonne de Gama-el-Azhar » et il était bien renseigné par les arabisants qui l'entouraient. « Elle a été fondée par Saladin. Soixante docteurs ou ulémas délibèrent sur les points de la foi, expliquent les saints livres. C'était elle seule qui pouvait donner l'exemple, entraîner l'opinion de l'Orient et des

---

[37] Ibid.

quatre sectes qui la partagent. Ces quatre sectes, les schaféis, les malékis, les hanbalis, les hanafis ne diffèrent entre elles que sur des objets de discipline ; elles avaient chacune pour chef au Caire, un muphti. »[38].

Bonaparte arrivait à manipuler à merveille les dignitaires religieux et faire passer à travers eux les messages destinés à la population et il en était fort conscient. « Par cette espèce de vanité commune à tous les hommes, les cheykhs se plaisaient à raconter toutes les caresses dont ils étaient l'objet, les honneurs qu'on leur rendait, tout ce qu'ils avaient dit, ou supposaient avoir dit. Leur partialité pour Napoléon était évidente… ».[39]. Le général en chef avait une sorte de réseau social -avant l'heure- qu'il savait manipuler à sa guise. Un jour il leur raconte que la France et la Porte sont des alliés, un autre il caresse la fibre nationaliste et les dresse contre les Ottomans. Ainsi Constantinople devient une « ville profane » comparée à « l'eau bénie du Nil » et à

---

[38] Napoléon 1er, *Campagne d'Égypte et de Syrie : mémoires pour servir à l'histoire de Napoléon, dictés par lui-même à Sainte-Hélène*, Tome 2/ et publiés par le général Bertrand, Paris, Au Comptoir des Imprimeurs-Unis, 1847.
[39] Ibid.

« la mosquée de Gama-el-Azhar, cette première clef de la sainte Kaaba ». Et si pour quelques travaux, les ingénieurs du génie civil profanent des cimetières, ce sont ces ingénieurs que l'on blâme à la grande satisfaction des populations. Les gestes d'apaisement ne manquent pas malgré le gap culturel immense entre les deux mondes. Les biens des mosquées sont protégés, leur entretien assuré.

A un certain moment, Napoléon pensa que les Ulémas d'Al-Azhar pouvaient faire une fetwa exigeant des citoyens de lui prêter le serment de fidélité et d'obéissance. Mais c'est compter sans la finesse du Cheikh Echarkawi qui renvoya la balle dans le camp du général en chef : « Vous voulez avoir la protection du prophète, il vous aime ; vous voulez que les Arabes musulmans accourent sous vos drapeaux, vous voulez relever la gloire de l'Arabie, vous n'êtes pas idolâtre, faites-vous Musulman ; cent mille Égyptiens et cent mille Arabes viendront de l'Arabie, de Médine, de la Mecque, se ranger autour de vous. Conduits et disciplinés à votre manière, vous conquerrez l'Orient, vous rétablirez dans toute sa gloire la patrie du prophète. »[40]. Bonaparte évoqua deux difficultés pour lui et son armée de se convertir : le vin et la circoncision. Après des consultations entre les ulémas, il lui fut répondu que les difficultés évoquées ne faisaient pas obstacle à la conversion. Ainsi le but voulu par Bonaparte est atteint. Ce n'est qu'un but de pure propagande. « Le bruit se répandit bientôt dans toutes les mosquées que les grands cheykhs s'occupaient nuit et jour à instruire le sultan Kébir et les principaux généraux, des principes de la loi, et que même ils discutaient une fetwa pour faciliter, autant que cela serait possible, un si grand événement. L'amour propre de tous les Musulmans fut flatté, la joie fut générale. Il se répéta que les Français admiraient Mahomet, que leur chef savait par cœur le Coran, qu'il convenait que le passé, le présent, l'avenir étaient contenus dans ce livre de toute sagesse ; mais qu'il était arrêté par la circoncision, et la défense du prophète de boire du vin… Les cheykhs, parfaitement rassurés, se livrèrent tout entiers au service du sultan Kébir, et ils

---

[40] Napoléon 1er, *Campagne d'Égypte et de Syrie : mémoires pour servir à l'histoire de Napoléon, dictés par lui-même à Sainte-Hélène,* Tome 1 / et publiés par le général Bertrand, Paris, Au Comptoir des Imprimeurs-Unis, 1847.

comprirent qu'il avait besoin d'une année au moins, pour éclairer les esprits et vaincre les résistances. Il fit faire les dessins, les plans et les devis, d'une mosquée assez grande pour contenir toute l'armée, le jour où elle reconnaîtrait la loi de Mahomet...

Partout les cheykhs prêchèrent que Napoléon n'étant pas infidèle, aimant le Coran, ayant mission du prophète, était un vrai serviteur de la sainte Kaaba. Cette révolution dans les esprits en produisit une dans l'administration. Tout ce qui avait été difficile, devint facile ; tout ce qu'on n'avait pu obtenir que les armes à la main, s'obtint de bonne volonté et sans efforts. Depuis ce temps, les pèlerins, même les plus fanatiques, ne manquaient jamais de rendre au sultan Kébir les mêmes honneurs qu'à un prince Musulman ; et à-peu-près vers ce temps, le général en chef ne se présenta plus dans la ville, que les fidèles ne se prosternassent ; ils se comportaient envers lui comme ils avaient l'habitude de le faire envers le sultan. »[41].

---

[41] Ibid.

IV.3   Bonaparte le diplomate

Je suis, moi, musulman unitaire et je glorifie le Prophète. (…)
J'espère que le moment ne tardera pas où je pourrai réunir
tous les hommes sages et instruits du pays, et établir un régime
uniforme, fondé sur les principes de l'Alcoran, qui sont les
seuls vrais et qui peuvent seuls faire le bonheur des hommes.
(Bonaparte, Lettre au Cheikh El-Messiri,

11 fructidor an VI).

En partant pour l'Égypte, Bonaparte savait qu'il fera face à plusieurs ennemis dont l'Angleterre, la Sublime Porte et la culture des autochtones. Il avait convenu avec le Directoire d'envoyer un ambassadeur à Constantinople ; ce qui lui permettrait de gagner du temps mais cela n'a pas été fait. C'est pourquoi il a dû entretenir des relations épistolaires avec plusieurs dirigeants musulmans afin de les rassurer. Dès le mois d'août, il écrivit au gouverneur d'Akka (Saint-Jean d'Acre en Palestine) pour expliquer sa mission non belliqueuse et son souhait d'amitié et de coopération : « En venant en Égypte faire la guerre aux beys, j'ai fait une chose juste et conforme à tes intérêts, puisqu'ils étaient tes ennemis ; je ne suis point venu faire la guerre aux musulmans. Tu dois savoir que mon premier soin, en entrant à Malte, a été de mettre en liberté 2000 Turcs, qui, depuis plusieurs années, gémissaient dans l'esclavage. En arrivant en Égypte, j'ai rassuré le peuple et protégé les muftis, les imams et les mosquées. Les pèlerins de la Mecque n'ont jamais été accueillis avec plus de soin et d'amitié que je ne l'ai fait, et la fête du Prophète vient d'être célébrée avec plus de splendeur que jamais.

Je t'envoie cette lettre par un officier qui te fera connaitre, de vive voix, mon intention de vivre en bonne intelligence avec toi, en nous rendant réciproquement tous les services que peuvent exiger le commerce et le bien de tes États ; car les musulmans n'ont pas de plus grands amis que les Français. »[42].

La célébration du Mouloud (anniversaire de la naissance du prophète) a été largement médiatisée par les membres des Divans, les commandants de région, par proclamations et par lettres. Bonaparte écrit au Consul

_____

[42] Lettre à Ahmed-Pacha, Gouverneur de Seideh et d'Akka en date du 22 août 1798.

Français à Tripoli : « Faites connaître au bey que demain nous célébrons la fête du Prophète avec la plus grande pompe. »[43]. Au général Menou : « Je ne puis trop louer le diner que vous avez donné aux cheiks du pays. Nous avons célébré ici la fête du Prophète avec une pompe et une ferveur qui m'ont presque mérité le titre de saint. »[44]. Au Chérif de la Mecque : « Je m'empresse de vous faire connaître mon arrivée, à la tête de l'armée française, au Caire, ainsi que les mesures que j'ai prises pour conserver aux saintes mosquées de la Mecque et de Médine les revenus qui leur étaient affectés. Par les lettres que vous écriront le divan et les différents négociants de ce pays-ci, vous verrez avec quel soin je protège les imams, les chérifs et tous les hommes de loi ; … »[45]. Au général Marmont : « Nos affaires s'améliorent ici sensiblement tous les jours. Allez voir de ma part le cheik El-Messiri ; dites-lui, entre autres choses, la manière dont nous avons célébré la fête du Prophète ; dites-lui que, trois ou quatre fois par décade, j'ai des conférences

---

[43] Lettre au Consul Français à Tripoli en date du 18 août 1798.
[44] Lettre au général Menou du 28 août 1798.
[45] Lettre au Cherif de la Mecque du 25 août 1798.

avec les chefs de la loi et les principaux chérifs du Caire, et que personne plus que moi n'est persuadée de la pureté et de la sainteté de la religion mahométane. »[46].

C'est sur le même ton de grande diplomatie amicale que le général en chef écrit au Pacha d'Alep en Syrie : « Nous ne sommes plus de ces infidèles des temps barbares qui venaient combattre votre foi ; nous la reconnaissons sublime, nous y adhérons, et l'instant est arrivé où tous les Français régénérés deviendront aussi vrais croyants »[47].

La campagne de Palestine a donné l'occasion à un grand discours diplomatique maniant parfois le bâton et la carotte et d'une religiosité tout à fait étonnante. Un jour ; « je suis ami du peuple, protecteur des ulémas et des fidèles » [48]. Un autre jour : « Dieu est clément et miséricordieux !... Le général en chef Bonaparte me charge de vous faire connaitre… que son cœur est touché des maux qu'encourrait la ville entière en se laissant prendre

---

[46] Lettre au général Marmont du 28 août 1798.
[47] Lettre au Pacha d'Alep du 12 septembre 1798.
[48] Lettre aux Cheikhs et Ulémas de Gaza du 24 février 1799.

d'assaut… »[49]. Bonaparte ne s'abstient pas de s'arroger pour lui-même le qualificatif de clémence. « Je suis clément et miséricordieux envers mes amis, mais terrible comme le feu du ciel envers mes ennemis »[50]. Tout comme Dieu. « Dieu est clément et miséricordieux ! … Mon intention est que les cadis continuent comme à l'ordinaire leurs fonctions et à rendre la justice ; que la religion surtout soit protégée et respectée, et que les mosquées soient fréquentées par tous les bons musulmans ; c'est de Dieu que viennent tous les biens ; c'est lui qui donne la victoire.

Il est bon que vous sachiez que tous les efforts humains sont inutiles contre moi, car tout ce que j'entreprends doit réussir. Ceux qui se déclarent mes amis prospèrent. Ceux qui se déclarent mes ennemis périssent. L'exemple qui vient d'arriver à Jaffa et à Gaza doit vous faire connaitre que, si je suis terrible pour mes ennemis, je suis bon pour mes amis, el surtout clément et miséricordieux envers le pauvre

---

[49] Lettre à Abdallah Aga, Commandant de la Place de Jaffa du 7 mars 1799.
[50] Lettre au Cheikh de Naplouse du 9 mars 1799.

peuple. » [51] . C'est sur le même ton qu'il s'adresse à Jérusalem : « Dieu est clément et miséricordieux !... Ils doivent savoir que je suis terrible comme le feu du ciel contre mes ennemis, clément et miséricordieux envers le peuple et ceux qui veulent être mes amis. »[52]. A l'Émir des Druzes, Bonaparte ne parle pas de religion mais plutôt de commerce et d'économie : « Mon intention est de rendre la nation druse indépendante, d'alléger le tribut qu'elle paye, et de lui rendre le port de Beyrouth et autres villes, qui lui sont nécessaires pour les débouchés de son commerce... Vous pouvez faire proclamer, dans tous les villages de la nation druse, que ceux qui voudront porter au camp des vivres et surtout du vin et de l'eau-de-vie, seront exactement payés. »[53]. Par contre, le discours adressé aux gens de Damas revient à la connotation religieuse. « Je désire que vous fassiez connaitre aux ulémas, aux chérifs et aux principaux cheiks de Damas, ainsi qu'aux agas des janissaires, que mon

---

[51] Lettre aux Cheikhs, Ulémas, et habitants des provinces Gaza, Ramleh et Jaffa du 9 mars 1799.
[52] Lettre aux Cheikhs, Ulémas et Commandant de Jérusalem du 9 mars 1799.
[53] Lettre à l'Émir Bechir du 20 mars 1799.

intention n'est point de rien faire qui soit contraire à la religion, aux habitudes et aux propriétés des gens du pays. En conséquence, je désire que la caravane de la Mecque ait lieu comme à l'ordinaire ; j'accorderai à cet effet protection et tout ce dont elle aura besoin ; il suffit qu'on me le fasse savoir.

Je désire que, dans cette circonstance essentielle, les habitants de Damas se conduisent avec la même prudence et la même sagesse que les habitants du Caire. Ils me trouveront le même, clément et miséricordieux envers le peuple, et zélé pour tout ce qui peut intéresser la religion el la justice. »[54].

---

[54] Lettre au Mollah Murad-Radeh à Damas du 27 mars 1799.

IV.4   Le sultan bâtisseur

A l'arrivée de Bonaparte, le Caire comptait environ 300 000 habitants que le général en chef va essayer d'administrer à travers des proclamations rassurantes et par l'institution d'un Divan consultatif formé de Oulémas et de notables et dont les membres sont susceptibles d'être des agents et des courroies de transmission de la propagande bonapartiste.

Il a fallu en toute urgence faire face aux problèmes de logistique ; assurer le quotidien d'une armée de trente mille hommes, faire des réquisitions, confisquer les biens des Beys et des Mameluks, mettre sur pied une administration fiscale et surtout répondre aux rébellions qui éclatent sporadiquement un peu partout. Un ordre du 31 juillet va confirmer dans leurs propriétés et dans leur fonctionnement les fondations pieuses se rattachant aux mosquées.

Les fonctionnaires de l'État qui n'ont pas désertés sont confirmés dans leurs fonctions.

L'installation des services de l'État continue avec la formation du Corps des Janissaires et une multitude de notes de services régissant tous les aspects de la vie dans les détails les plus petits.

Bonaparte prend un arrêté portant création de l'Institut d'Égypte qui tient sa première séance le 23 août 1798 avec quatre sections : Section de Mathématiques, Section de Physique, Section de l'Économie Politique, et Section de Littérature et des Arts.

L'expédition était impressionnante avec 165 scientifiques dont 4 mathématiciens, 5 chimistes, 6 botanistes zoologistes, 15 ingénieurs géographes, 27 ingénieurs des ponts et chaussées, 6 ingénieurs du génie maritime, 16 mécaniciens, 24 imprimeurs, 4 ingénieurs des mines, 9 orientalistes-interprètes, 9 dessinateurs, 4 économistes et toute une promotion d'ingénieurs des ponts et chaussées de l'école polytechnique.

L'histoire a retenu les noms des plus grands savants et érudits de l'époque comme membres de cette expédition : Fourier, Conté, Dolomieu, Geoffroy Saint-Hilaire (Géographie d'Edrisi), Nouet, Quénot, Parceval-Grandmaison, Arnault, Jomard (Mémoire sur le système métrique des anciens Égyptiens) …D'autres personnalités illustres ont été de la partie : Poussielgue, Vivant-Denon

(Voyage dans la Basse et la Haute-Égypte), Magallon, Venture de Paradis, Amédée Jaubert, Villoteau, Norry, Redouté, Marcel, ainsi que les ingénieurs Chabrol, Lepère, de Rozière, Costaz et Girard.

Les chercheurs de l'Institut commencent à travailler dès le premier jour. L'équipe de Berthollet et de Gaspard Monge cherche à installer une imprimerie bilingue (français et arabe), une bibliothèque, un cabinet de physique, un laboratoire de chimie et un observatoire. C'est le côté civilisationnel de la campagne. Et le général en chef y tient beaucoup car il est, lui-même, membre de l'Institut national. La grande réalisation de cette expédition fut la réalisation de la « Description de l'Égypte, ou Recueil des observations et des recherches qui ont été faites en Égypte pendant l'expédition de l'Armée française, publié par les ordres de Sa Majesté l'Empereur Napoléon le Grand » ; véritable œuvre encyclopédique.

Bonaparte a essayé d'améliorer le système de l'enseignement, de réformer la justice, d'organiser le service postal, de rénover le système d'irrigation.

L'Égypte lui doit l'introduction de l'imprimerie ainsi que les premières unités industrielles (savon, eau de javel, etc.).

De grands chantiers furent lancés pour les fortifications du Caire, d'Alexandrie, Rosette, Damiette, Belbeys, Sàlheyeh et de Suez.

Bonaparte a toujours voulu donner de lui-même l'image d'un seigneur juste qui peut se mettre dans une grande colère et dépêcher une cavalerie de trois cents chevaux pour venger un pauvre fellah attaqué dans un village lointain ; « tous ceux qui m'obéissent sont mes enfants », disait-il aux cheykhs qui l'entouraient.

IV.5   La conquête du pays

Dans le premier rapport envoyé au Directoire depuis l'Égypte en date du 6 juillet 1798, Bonaparte relate le débarquement et la prise d'Alexandrie faite sans grande difficulté : 30 à 40 tués et une centaine de blessés dont le Général Kléber. Après un procès-verbal d'entente avec la résistance à Alexandrie, l'armée de terre va se mettre en route en direction de Damanhour et du Caire qui sera atteint après les batailles d'El-Rahmânyeh, de Chobrâkhyt et des Pyramides où Bonaparte prononça sa célèbre harangue : « Soldats, du haut de ces pyramides, quarante siècles vous regardent ». Les pertes des Mameluks sont estimées à 2000 hommes de cavalerie d'élite alors que les Français ont perdu 20 ou 30 tués et environ 120 blessés. Le rapport de force entre les deux armées est largement à l'avantage des Français cependant Bonaparte reconnait la valeur de l'adversaire : « Les Mameluks sont extrêmement braves et formeraient un excellent corps de cavalerie légère, richement habillés, armés avec le plus grand soin et montés sur des chevaux de la meilleure qualité. Chaque officier d'état-major, chaque hussard, a soutenu un combat particulier. »[55].

Le 24 juillet, le général en chef fait son entrée au Caire après avoir reçu la reddition de la ville.

Les mois de juillet et août vont constituer l'apprentissage du pays ; le génie de la machine administrative et militaire travaille à plein régime.

Le plus grand évènement du mois d'août reste la catastrophe d'Aboukir où la Royal Navy de Nelson détruisit la flottille française dans la rade d'Aboukir avec de très lourdes pertes humaines (entre 3 et 5000). La défaite d'Aboukir va fausser toutes les prévisions et avoir de lourdes conséquences sur la suite des évènements. « Voilà l'événement décisif de la campagne d'Égypte ; les conséquences en étaient irréparables. L'escadre détruite, il n'y avait plus de relations possibles entre l'Égypte et la France ; car la maîtrise de la Méditerranée appartenait dès lors aux Anglais. Pour l'armée de Bonaparte, elle était

---

[55] Lettre au Directoire Exécutif en date du 24 juillet 1798.

enfermée dans sa conquête comme dans une souricière ; elle ne pouvait plus en sortir librement. »[56].

Rendant compte au Directoire, Bonaparte a sa propre lecture des causes de la défaite : « Les destins ont voulu, dans cette circonstance comme dans tant d'autres, prouver que, s'ils nous accordent une grande prépondérance sur le continent, ils ont donné l'empire des mers à nos rivaux. Mais, si grand que soit ce revers, il ne peut pas être attribué à l'inconstance de la Fortune ; elle ne nous abandonne pas encore ; bien loin de là. »[57]. Il est remarquable comme Bonaparte garde son courage et son optimisme et arrive à minimiser le désastre tout en évitant de faire le bilan. Il reproche à l'amiral Brueys d'avoir désobéi mais il reconnaît que ses fautes sont « expiées par une mort glorieuse ». A sa veuve, il écrivit une lettre assez touchante pour la consoler : « Votre mari a été tué d'un coup de canon en combattant à son bord. Il est mort sans souffrir et de la mort la plus douce la plus enviée par les militaires.

---

[56] Lacour-Gayet, G., *Napoléon-Sa vie, son œuvre, son temps*, Hachette, Paris, 1921.
[57] Lettre au général Directoire du 19 août 1798.

Je sens vivement votre douleur… Persuadez-vous qu'il est des hommes, en petit nombre, qui méritent d'être l'espoir de la douleur, parce qu'ils sentent avec chaleur les peines de l'âme. »[58]

A la mi-août ; la situation n'est pas complètement acquise. Au général Kléber, le général en chef écrit que « les choses, dans ce pays, ne sont pas encore assises ; mais tous les jours y portent une amélioration très considérable, et je suis fondé à penser que quelques jours encore et nous commencerons à être maîtres du pays. »[59].

L'ancien gouverneur d'Alexandrie, Mohamed Koraïm, accusé d'intelligence avec les Mameluks, est pendu. Sa tête est promenée, le 6 septembre, dans les quartiers du Caire pour semer la terreur et servir d'exemple à qui veut résister. Ses biens sont confisqués au profit de l'État. Le pays n'est pas pacifié malgré l'optimisme du général en chef qui informe le Directoire que : « Tout va parfaitement bien ici. Le pays est soumis et commence à s'accoutumer à nous. Le

---

[58] Lettre à Madame Brueys du 19 août 1798.
[59] Lettre au général Kléber du 15 août 1798.

reste est l'ouvrage du temps. Toutes les institutions qui peuvent en accélérer la marche sont en activité.

Ce pays-ci a tout au plus l'argent nécessaire à la solde de l'armée. Il y a du blé, du riz, du lin, du sucre, de l'indigo, du coton, du café en abondance. Le climat est très sain, plus sain qu'en Italie…

Maîtresse de l'Égypte, la France sera à la longue maitresse des Indes. Le cabinet de Londres le sent parfaitement… »[60]. La résistance ne se laisse pas oublier en attaquant le convoi d'Alexandrie à Damanhour le 11 septembre. Mais c'est vrai que l'armée enregistre des victoires sur les bédouins et que Mourad Bey a été tué par le général Desaix et son armée de quelques centaines de combattants vaincue et mise en déroute. Ce qui menace la sécurité ce sont surtout les Arabes bédouins insaisissables mais Bonaparte est confiant qu'il peut les dompter malgré leur bravoure. « … Ce pays-ci est circonvenu d'Arabes féroces, nombreux et braves. Toutes les tribus réunies font un total de 12000 hommes de cavalerie et de 50000 hommes d'infanterie.

---

[60] Lettre au Directoire Exécutif en date du 8 septembre 1798.

AHMED ABDELKADER

La populace de l'intérieur est composée d'espèces différentes, toutes accoutumées à être battues ou battant, tyrans ou tyrannisées. Le sol est le plus beau de la terre, sa position aussi intéressante que décisive pour l'Inde. La puissance européenne qui est maitresse de l'Égypte l'est à la longue de l'Inde…

Nous ne manquons de rien ici ; nous fortifions les points les plus essentiels, et nous sommes pleins de force, de santé et de gaieté… »[61]. Un jour c'est le village de Ghamreyn refusant le passage au bataillon du général de brigade Fugière qui occupe le village et tue environ 200 combattants. Un autre jour ce sont les combats de Ghemyleh contre les généraux Dugua et Dumas ou bien le combat de Myt-Ghamar contre les troupes du général Desaix.

Et malgré les expressions de mépris qu'il exprime souvent contre les populations (populace…), Bonaparte en grand seigneur de la guerre reconnaît la bravoure de l'ennemi : « Les braves de cette intrépide cavalerie vinrent mourir dans le rang, après avoir jeté masses et haches

---

[61] Lettre au Directoire Exécutif en date du 7 octobre 1798.

d'armes, fusils, pistolets, à la tête de nos gens. Quelques-uns, ayant eu leurs chevaux tués, se glissèrent, le ventre contre terre, pour passer sous les baïonnettes et couper les jambes de nos soldats : tout fut inutile ; ils durent fuir. »[62].

Bonaparte s'impatiente : aucune nouvelle de France depuis son départ malgré qu'il ait écrit plusieurs courriers et par des chemins divers. Aucun retour. C'est le silence absolu ! Cette difficulté de communiquer est imposée par les Anglais qui patrouillent dans toute la Méditerranée.

Le mois de novembre fut plus calme qu'octobre marqué par les massacres de la révolte du Caire ; excepté quelques troubles : les bédouins du désert de Lybie qui harcelaient la garnison d'Alexandrie, un village brûlé (Birket-Gheytàs) et le général Desaix qui continue sa traque dans la haute Égypte.

Et l'année 1798 se termina sans que la pacification du pays s'achève. Les généraux courent toujours derrière des attaques de guérilla ou des soulèvements et le voisinage Syro-Palestinien est plus hostile que jamais avec une forte propagande ennemie entretenue par la Porte.

---

[62] Lettre au Directoire Exécutif en date du 17 octobre 1798.

AHMED ABDELKADER

Le général en chef regarde vers la Mer Rouge en construisant une corvette et quatre avisos à Suez mais il regarde aussi vers la Palestine où le Pacha de Saint Jean d'Acre refuse de coopérer. Ce Pacha, un « vieillard de soixante-dix ans, est un homme féroce qui a contre les Français une haine démesurée. Il a répondu avec dédain aux ouvertures amicales »[63] de Bonaparte.

Il devient de plus en plus clair dans la tête du général en chef que pour sécuriser l'Égypte, il faut marcher sur la Syrie. Ses éléments de stratégie ont été très bien exposés au Directoire qui ne répond toujours pas. « J'ai, dans l'opération que j'entreprends, trois buts :

1e Assurer la conquête de l'Égypte en construisant une place forte au-delà du désert, et, dès lors, éloigner tellement les armées, de quelque nation que ce soit, de l'Égypte, qu'elles ne puissent rien combiner avec une armée européenne qui viendrait débarquer sur les côtes ;

2e Obliger la Porte à s'expliquer, et, par-là, appuyer les négociations que vous avez sans doute entamées, et l'envoi

---

[63] Lettre au Directoire Exécutif 10 février 1799.

que je fais à Constantinople, sur la caravelle turque, du consul Beauchamp ;

3° Enfin ôter à la croisière anglaise les subsistances qu'elle tire de Syrie, en employant les deux mois d'hiver qui me restent à me rendre, par la guerre et par des négociations, toute cette côte amie. »[64] .

Le temps presse car les nouvelles de France ne sont pas bonnes et s'il se confirmait que le pays est en guerre contre les rois, Bonaparte prendrait le chemin du retour. Pour le moment, il doit bien préparer son expédition et battre les nombreux ennemis qui l'attendent : un désert difficile à traverser avec des points d'eau éloignés, les Mamluks qui rôdent partout, les habitants du pays, les Turcs qui s'estiment être les seigneurs, les Anglais qui patrouillent en Méditerranée et présents dans les ports de la région, les Russes et les coupeurs de route. Et comme c'est mois béni du Ramadan, le Sultan el-Kebir prend le soin de s'accompagner d'un aéropage de personnalités religieuses importantes représentant les principaux rites de l'Islam.

---

[64] Ibid.

Le casus belli est prêt, Ahmed Pacha dit El-Djezzar a coupé la tête au porteur de message envoyé par Bonaparte et il a occupé El-Arich en territoire égyptien.

En avant, marche ! Le général se lance dans une nouvelle expédition aux conséquences désastreuses qui sera décriée par ses détracteurs.

Le 10 février 1799, Bonaparte quitte le Caire en direction d'El-Arich qui l'atteint après 8 jours de voyage. Assiégée, la ville d'El-Arich tombe facilement après une journée de canonnade et le 25 le général en chef entre à Gaza où il découvre d'énormes réserves de munitions et de denrées alimentaires. Les 500 Maghrebins faits prisonniers à El-Arich sont intégrés dans un corps auxiliaire de l'armée. Du 4 au 6 mars, c'est le siège de Jaffa qui tombe à son tour. Le 17 mars, c'est la prise de Haïfa où des bateaux anglais chargés de ravitaillement (bombes et vivres) étaient au port. Puis, c'est Safed et Nazareth qui tombent à leur tour. Et le 20 mars, Bonaparte est devant Akka assiégée ; un siège qu'il a tenu à diriger personnellement. Avec la victoire de Kléber au Mont Thabor, le bilan de l'expédition est plutôt à la faveur de Bonaparte qui est satisfait de son résultat provisoire : « J'ai eu, depuis mon passage du désert, 500 hommes tués et le double de blessés. L'ennemi a perdu plus de 15000 hommes. »[65] . Les généraux Caffarelli, Rambeaud et Bon comptent parmi les morts.

Le 17 mai, Bonaparte tient un conseil de guerre et annonce la levée du siège de Akka ravagée par la peste.

La retraite (20 mai- 14 juin) vers le Caire est très difficile. Elle se fait à pied ; les montures étant réservées aux blessés et aux pestiférés. Il a fallu passer par Jaffa pour faire sauter le reste des fortifications et punir ici et là quelques rébellions.

L'entrée au Caire doit être triomphale et la propagande officielle doit être relayée par le Divan et les Ulémas.

Plusieurs évènements importants se sont passés après l'absence de Bonaparte : la révolte de Beny-Soueyf réprimée par le général Veaux, le bombardement d'Alexandrie par les Anglais, une perte de chaloupe dans la Mer rouge, des soulèvements dans les provinces de Charqyeh et de Bahyreh et la révolte de l'émir Hadji entre autres. L'expédition a échoué devant Akka mais qu'importe il faut que le

---

[65] Lettre au Directoire Exécutif 10 mai 1799.

Directoire vive la fête de l'entrée triomphale des vainqueurs dans Le Caire qui pavoise. « Mon entrée au Caire s'est faite le 26 prairial, environné d'un peuple immense qui avait garni les rues, de tous les muftis montés sur des mules, parce que le Prophète montait de préférence ces animaux, de tous les corps de janissaires, …de descendants d'Abou-Bekr,…; les chefs des marchands marchaient devant, ainsi que le patriarche copte ; la marche était fermée par les troupes auxiliaires grecques…Les cheiks EI-Bekry, El-Cherqàouy, El-Sàdàt, El-Mohdy, El-Saoui se sont comportés aussi bien que je le pouvais désirer; ils prêchent tous les jours dans les mosquées pour nous... »[66]. Mais au-delà de ce bon moral affiché pour la circonstance ; il s'agissait d'un homme touché et déprimé qui reconnaitra plus tard : « mon imagination s'est arrêtée à Saint Jean d'Acre ».

Après le retour de Syrie, l'armée a besoin d'un renfort mais le Directoire ne répond pas et Bonaparte sait depuis son retour victorieux de la campagne d'Italie combien Paris ne peut rien refuser à un chef auréolé de victoire. C'est pourquoi toutes les victoires sont plutôt exagérées et les

---

[66] Lettre au Directoire Exécutif 19 juin 1799.

échecs passés sous silence. C'est dans cet esprit qu'il faut interpréter : « Le drapeau de la République flotta sur les cataractes ; toute la flottille de Mourad-Bey se trouva prise, et dès ce moment la haute Égypte fût conquise. Le général Desaix plaça sa division en cantonnement le long du Nil et commença l'organisation des provinces...Cette occupation, celle de Suez et d'El-A'rych ferment absolument l'entrée de l'Égypte du côté de la mer Rouge et de la Syrie; tout comme les fortifications de Damiette, Rosette et Alexandrie rendent impraticable une attaque par mer, et assurent à jamais à la République la possession de cette belle partie du monde, dont la civilisation aura tant d'influence sur la grandeur nationale et les destinées futures des plus anciennes parties de l'univers.»[67]. Selon les estimations du général en chef, « l'armée française, depuis son arrivée en Égypte jusqu'au 10 messidor an VII, a perdu 5344 hommes. Vous voyez qu'il nous faudrait 500 hommes pour la cavalerie, 5000 pour l'infanterie, 500 pour l'artillerie, pour mettre l'armée dans l'état où elle était lors du débarquement. »[68]. C'est le

---

[67] Lettre au Directoire Exécutif du 23 juin 1799.
[68] Lettre au Directoire Exécutif du 28 juin 1799.

minimum qu'il faudrait et « si vous nous en faites passer en outre 15000, nous pourrons aller partout, même à Constantinople… S'il vous était impossible de nous faire passer tous ces secours, il faudrait faire la paix, car il faut calculer que d'ici au mois de messidor nous perdrons encore 6000 hommes…

Nos sollicitudes sont toutes en France. Si les rois l'attaquaient, vous trouveriez dans nos bonnes frontières, dans le génie guerrier de la nation et dans vos généraux, des moyens pour leur rendre funeste leur audace. Le plus beau jour pour nous sera celui où nous apprendrons la formation de la première république en Allemagne. »[69].

Le repos aura été de courte durée, les Turcs vont débarquer à Aboukir ; ce qui va donner à l'armée une gloire éclatante dont le général en chef peut s'enorgueillir : « Le rivage, où les courants ont porté l'année dernière les cadavres anglais et français, est couvert de cadavres ennemis ; on en a déjà compté plus de 6000 ; 3000 ont été enterrés sur le champ de bataille. Ainsi, pas un seul homme de cette

---

[69] Ibid.

armée ne se sera échappé lorsque le fort se sera rendu, ce qui ne peut tarder.

Deux cents drapeaux, les bagages, les tentes, quarante pièces de campagne, Hussein Moustafa, pacha d'Anatolie, cousin germain de l'ambassadeur turc à Paris, commandant en chef l'expédition, prisonnier avec tous ses officiers : voilà les fruits de la victoire. »[70]. Après une résistance vaine, le fort va se rendre avec 1800 morts, 2000 prisonniers et 300 blessés. Et le général en chef exulte depuis Fréjus : « L'Égypte, à l'abri de toute invasion, est entièrement à nous… J'ai laissé l'Égypte bien organisée et sous les ordres du général Kléber. Elle était déjà toute sous l'eau, et le Nil était plus beau qu'il ne l'avait été depuis cinquante ans. »[71]. Donc, mission accomplie !

---

[70] Lettre au Directoire Exécutif du 28 juillet 1799.
[71] Lettre au Directoire Exécutif du 10 octobre 1799.

IV.6
Le règne par la violence

L e séjour de Bonaparte en Orient n'a pas été de tout repos. Pas un mois ne passe sans qu'un soulèvement n'éclate ici ou là. La machine de la répression a beaucoup fonctionné et à plein régime à l'occasion de la révolte du Caire et à Jaffa en Palestine.

.

IV.6.1   La violence au quotidien

Ne tuez qu'en toute justice la vie qu'Allah a fait sacrée.
Voilà ce qu'[Allah] vous a recommandé de faire ; peut-être
comprendrez-vous.
(Coran, Sourate Al-An'am, Verset 151)

L e général vendémiaire n'a rien perdu de sa force de répression et de son souci de maintien de l'ordre à n'importe quel prix. Voici quelques exemples de positions assez dures tirées des Correspondances officielles publiées sur ordre de Napoléon III [72]:

-Au général Menou : « … les Turcs [synonyme de musulmans] ne peuvent se conduire que par la plus grande sévérité ; tous les jours je fais couper cinq ou six têtes dans les rues du Caire. »[73].

-Au général Berthier en parlant de Damanhour : « Il désarmera la ville, fera couper la tête à cinq des principaux

---

[72] Correspondance de Napoléon 1er publiée par ordre de l'Empereur Napoléon III, Tome IV et Tome V, Paris, Imprimerie Imperiale,1860.
[73] Lettre au général Menou du 31 juillet 1798.

habitants : un qui se sera le plus mal comporté parmi les hommes de loi, et les quatre autres parmi ceux qui ont le plus d'influence sur la populace.

Après quoi, il prendra vingt-cinq otages, qu'il enverra par le Nil au Caire. »[74].

- Au général Dugua à Mansourah :« Punissez Mehallet-el-Kebyr en faisant couper quelques têtes des plus rebelles et en mettant une contribution de 15000 pièces de toile de coton, que vous ferez de suite transférer au Caire. »[75].

- Le général en chef ordonne que : « Les habitants du village d'A'lqàm ayant assassiné l'aide de camp Julien et 15 Français qui l'escortaient, ce village sera brûlé. »[76].

- Au général Dugua à Mansourah : « A l'heure qu'il est, vous devez avoir reçu les cartouches ; ainsi j'espère que vous aurez mis à la raison les maudits Arabes du village de Sonbàt. Brûlez ce village ; faites un exemple terrible et ne permettez plus à ces Arabes de venir rehabiter ce village

---

[74] Lettre au général Berthier du 1 août 1798.
[75] Lettre au général Dugua du 24 août 1798.
[76] Ordre du 25 août 1798.

qu'ils ne vous aient livré dix otages des principaux, que vous m'enverrez pour tenir à la citadelle du Caire. »[77].

- Au général Murat à Qelyoub : « Si les Arabes que vous avez attaqués sont les mêmes que ceux qui ont assassiné nos gens à Mansourah, mon intention est de les détruire : faites-moi connaitre les forces qui vous seraient nécessaires à cet effet, et étudiez la position qu'ils occupent, afin de pouvoir les attaquer, les envelopper et donner un exemple terrible au pays. »[78].

- Au général Fugière : « J'espère qu'à l'heure qu'il est, Citoyen Général, vous aurez, de concert avec le général Dugua, soumis le village de Sonbàt et exterminé ces coquins d'Arabes. »[79].

- Au général Dugua : « … pour mettre à la raison les Arabes de la province de Gharbyeh qui inquiètent le général Fugière, et les Arabes de votre province qui ont égorgé nos gens à Mansourah. Je n'entends cependant parler de rien. Je vous prie de prendre toutes les mesures ; vous sentez

---

[77] Lettre au général Dugua du 6 septembre 1798.
[78] Lettre au général Murat du 12 septembre 1798.
[79] Lettre au général Fugière du 13 septembre 1798.

combien cela est essentiel, afin que l'on puisse être tranquille sur votre province lorsque votre division sera obligée de la quitter, et que les bonnes leçons qu'auront reçues les Arabes leur restent dans la tête. »[80].

- Au général Murat à Qelyoub : « Je vous répète que mon intention est de détruire les Arabes que vous avez attaqués : c'est le fléau des provinces de Mansourah, de Qelyoub et de Gharbyeb.

Le général Dugua doit, de concert avec le général Fugière, avoir attaqué la partie de ces Arabes qui se trouve à Sonbât. Envoyez reconnaître où se trouvent les Arabes que vous avez attaqués ; faites-moi savoir les forces dont vous auriez besoin, et l'endroit d'où vous pourriez partir pour les attaquer avec succès, en tuer une partie et prendre des otages afin de s'assurer de leur fidélité. »[81].

- Au général Dugua à Mansourah : « Nous n'aurons point de tranquillité dans les provinces de Gharbyeh, Mansourah et Qelyouh, que nous n'ayons détruit ces Arabes

---

[80] Lettre au général Dugua du 13 septembre 1798.
[81] Lettre au général Murat du 14 septembre 1798.

de Derne, dont une partie est au village de Sonbàt, et dont l'autre a attaqué le général Murat. »[82].

- Au général Fugière : « Après l'exemple que le général Dugua vient de faire du village de Sonbàt, vous ne devez avoir aucune difficulté à soumettre le reste de la province. Tirez des otages de tous les villages suspects. »[83] ;

-Au général Rampon : « Si les quatre cheiks se présentent ici, je les tiendrai en otage. Faites arrêter les cinq cheiks que vous m'avez désignés comme suspects ; envoyez les otages dans la citadelle du Caire. »[84].

-Au général Dugua à Mansourah : « Arrivé à Damiette, vous ferez toutes les opérations nécessaires pour vous emparer de tout le lac, poursuivre les Arabes et les châtier vigoureusement. »[85].

-Au général Berthier : « Les Arabes de Derne, habitant le village de Sonbàt, dans la province de Gharbyeh, qui ont assassiné le détachement composé moitié de la 13e demi-brigade et moitié du 18e de dragons, ont été investis, le 27

----

[82] Lettre au général Dugua du 14 septembre 1798.
[83] Lettre au général Fugière du 20 septembre 1798.
[84] Lettre au général Rampon du 20 septembre 1798.
[85] Lettre au général Dugua du 21 septembre 1798.

fructidor, à trois heures après minuit, par un corps de troupes de la division Dugua, commandé par le général Verdier.

Après un combat assez léger, le village a été forcé et brûlé ; plus de 30 Arabes sont restés sur le champ de bataille ; une grande partie s'est noyée ; leurs chameaux, plus de 6000 moutons ont été pris.

Une autre partie de ces brigands a été attaquée, près de Myt-Ghamar, par le général Murat, qui leur a tué 40 hommes, pris une partie de leurs bestiaux, et les a obligés d'évacuer le pays. »[86].

-Au général Dugua : « Il faut faire des exemples sévères ; et, comme votre division ne peut pas être destinée à rester dans les provinces de Damiette et de Mansourah, il faut profiter du moment pour les soumettre entièrement ; pour cela, il faut le désarmement, des têtes coupées et des otages. »[87].

---

[86] Lettre au général Berthier du 21 septembre 1798.
[87] Lettre au général Dugua du 24 septembre 1798.

-Au général Vial : « L'attaque que vous avez faite, Citoyen Général, du village El-Choa'rah, fait autant d'honneur à vous qu'aux troupes. »[88].

-Dans un Ordre du jour : « Une partie des Arabes de la province de Charqyeh, renforcés par les Arabes de Derne et de tous ceux du lac Menzaleh, sous la conduite de Hassan-Toubàr, ont attaqué, à minuit de la nuit du 29 au 30 fructidor, la garnison de Damiette. On a bientôt été sous les armes et on a repoussé l'ennemi de tous côtés.

Le 30, le village d'El-Choa'rah, situé à une portée de canon de Damiette, se révolta, et tous les Arabes s'y réunirent et en firent leur quartier général…

Le village d'El-Choa'rah fut emporté et livré aux flammes. Il y a plus de 1500 Arabes tués ou noyés. On leur a pris deux très belles pièces de canon de bronze de 4, et trois drapeaux, …Nous n'avons eu qu'un homme de tué et quatre de blessés.

Ainsi, 10000 ou 12000 Arabes ont été attaqués et battus par 400 ou 500 Français.

---

[88] Lettre au général Vial du 24 septembre 1798.

AHMED ABDELKADER

De nombreuses colonnes mobiles parcourent tous les villages des provinces de Damiette et de Mansourah, pour punir sévèrement les chefs des révoltés, et tirer une vengeance exemplaire de ces malheureux, qui ont été égarés par les écrits et les fausses promesses d'Ibrahim-Bey. »[89] .

- Au général Marmont : « Vous aurez vu, par le détail que vous aura envoyé l'état-major, que le général Vial a battu 15000 Arabes qui s'étaient réunis dans les provinces de Charqyeh, de Damiette et de Mansourah. Il en a fait une boucherie ; il a pris trois drapeaux et deux belles pièces de bronze de 4. Les Arabes s'étaient rangés en bataille et occupaient une lieue et demie d'espace sur une seule ligne : ils étaient à pied. » [90].

-Au général Dugua à Damiette : « Essayez de prendre par la ruse Hassan-Toubàr, et, si jamais vous le tenez, envoyez-le-moi au Caire. Désarmez le plus que vous pourrez ; n'écoutez point ce qu'ils pourraient vous dire, que, par le désarmement, vous les exposez aux incursions des Arabes ; tous ces gens-là s'entendent.

---

[89] Ordre du jour du 24 septembre 1798.
[90] Lettre au général Marmont du 24 septembre 1798.

Surtout, il faut que le village de Myt-el-Khaouly vous fournisse au moins 100 armes et des pièces de canon. Ils les ont cachées, mais je suis sûr qu'ils en ont. Concertez-vous avec le général Vial pour faire désarmer Damiette, et faites arrêter tous les hommes suspects.

Prenez des otages ; exigez que les villages vous remettent leurs fusils ; tâchez d'avoir leurs canons, et faites entrer dans le lac Menzaleh des djermes armées, ou armez leurs bateaux. »[91].

-Au général Berthier : « Le général Murat attaquera les Arabes de Derne partout où il les trouvera. Il leur fera tout le mal possible ; mon intention est de les détruire. S'il avait besoin de secours, il en demanderait au général commandant à Mansourah, au général Fugière, commandant à Mehallet-el-Kebyr. Mon intention est qu'il mette le moins de délai possible à finir cette affaire. Si, après avoir détruit une partie des Arabes de Derne, l'autre partie demande à traiter, il exigera pour conditions 200 chevaux,

---

[91] Lettre au général Dugua du 26 septembre 1798.

900 fusils et 30 otages des principaux. Il aura, du reste, bien soin d'étudier le pays et de connaitre où il s'engage. »[92] .

-Au général Reynier à Belbeys : « J'ai pris cinq ou six Arabes, Citoyen Général, pour pouvoir correspondre promptement avec vous ; je vous en expédie un.

Vous aurez su l'attaque de Damiette par une partie des Arabes de la province de Charqyeh et de la province de Damiette. Ils ont été repoussés par une poignée de nos gens, et ont perdu une grande quantité de monde, ou tués ou noyés. »[93] .

-Au général Dupuy : « Faites couper la tête aux deux espions, et faites-la promener dans la ville avec un écriteau, pour faire connaître que ce sont des espions du pays. Faites connaître à l'aga que je suis très mécontent des propos que l'on tient dans la ville contre les chrétiens. Il doit y avoir en ce moment des otages de Menouf à la citadelle. »[94] .

-Au général Murat : « J'ai reçu, Citoyen Général, la relation de l'expédition que vous avez faite contre les Arabes

---

[92] Lettre au général Berthier du 26 septembre 1798.
[93] Lettre au général Reynier du 27 septembre 1798.
[94] Lettre au général Dupuy du 27 septembre 1798.

de Derne. Il paraît que vous leur avez fait beaucoup de mal, mais pas encore autant que ces coquins le méritaient. Ces Arabes avaient dix djermes, sur lesquelles ils ont été brûler le village de Hanoud; je regarde qu'il serait très essentiel de leur enlever ces dix djermes. »[95].

-Au général Dugua : « Je suis fâché, Citoyen Général, de ce que l'on n'a pas encore désarmé les cinq villages qui se sont si mal conduits, et dont le principal est Myt-el-Khaouly. Veuillez bien faire investir ce village, et exigez qu'il vous remette 80 fusils, les canons et dix otages des principaux. Vous en ferez autant des cinq villages dont je vous ai envoyé les noms. »[96].

-Au général Dugua : « J'approuve fort, Citoyen Général, ce que vous me dites, de ne pas brûler les villages, mais seulement punir les chefs, qui effectivement sont les seuls coupables. »[97].

-Au général Murat : « Je reçois, Citoyen Général, la nouvelle de votre seconde attaque. Il est malheureux que

---

[95] Lettre au général Murat du 4 octobre 1798.
[96] Lettre au général Dugua du 6 octobre 1798.
[97] Lettre au général Dugua du 6 octobre 1798.

l'inondation vous empêche de les joindre. Tant que vous n'en aurez pas tué ou fait prisonniers 5 ou 600, ces gens-là ne seront pas soumis.

Négociez avec eux, délivrez ces malheureux officiers, mais ne leur accordez rien qu'ils ne vous délivrent une partie de leurs armes, dix-huit otages et une partie de leurs chevaux. »[98].

-Au général Vial : « Je reçois votre lettre, Citoyen Général, par laquelle vous m'annoncez que vous tenez en prison les chefs des cinq villages qui ont assassiné un bateau français ; j'espère que vous les ferez passer sous bonne et sûre escorte au Caire, pour rester en otages. Il est temps de mettre de la sévérité dans votre province. Prenez des otages, comme je vous l'ai ordonné, et envoyez-les au Caire ».[99]

-Au général Murat : « Il est inutile, Citoyen Général, de faire aucun arrangement avec les Arabes, s'ils ne donnent pas d'otages ; ce serait perdre son temps et s'exposer à de nouveaux événements. Ainsi, dès que votre interprète et votre aide de camp seront arrivés, vous leur ferez dire que,

---

[98] Lettre au général Murat du 6 octobre 1798.
[99] Lettre au général Vial du 6 octobre 1798.

s'ils veulent vivre en bonne intelligence avec nous, il faut qu'ils m'envoient quinze otages, en les assurant qu'il ne leur sera fait aucun mal ; sans quoi, ces brigands égorgeront, à la première occasion, les barques sur le Nil. »[100]

Au général Manscourt : « Mourad-Bey, qui précédemment avait perdu tous ses bateaux, s'était retiré dans un couvent copte, à l'extrémité du désert ; il a été atteint enveloppé par le général Desaix, qui a fait une grande boucherie des Mameluks. »[101].

-Au général Lanusse : « Je vous fais mon compliment, Citoyen Général, sur la mort d'Abou-Cha'yr ; c'est une véritable victoire de nous avoir défaits de ce brigand.

Vous devez avoir reçu les lettres que je vous ai écrites au commencement et à la fin de la révolte du Caire ; tout est depuis deux jours dans l'ordre ordinaire. »[102].

-Au général Reynier à Belbeys : « Ibrahim-Bey ne tardera pas, je crois, à se jeter dans le désert. Si quelques Arabes ont été le rejoindre, cela a été pour lui porter du blé

---

[100] Lettre au général Murat du 11 octobre 1798.
[101] Lettre au général Manscourt du 12 octobre 1798.
[102] Lettre au général Lanusse du 26 octobre 1798.

113

et autres provisions. Il parait qu'il y a à Gaza une grande disette. Au reste, si nous pouvions être prévenus à temps, il n'échapperait que difficilement.

Pour le moment, tenez-vous concentré à Sàlheyeh et à Belbeys. Punissez les différentes tribus arabes qui se sont révoltées contre nous. Tâchez d'en obtenir des chevaux et des otages…

La meilleure manière de punir les villages qui se sont révoltés, c'est de prendre le cheik-el-beled et de lui faire couper le cou, car c'est de lui que tout dépend. »[103].

-Au général Lanusse : « La diligence de Damiette a été attaquée, Citoyen Général, et, à ce qu'il parait, égorgée par les villages de Ramleh et Benhà-el-A'sel, de la province de Qelyoub, et par ceux de Bata et Mychref, de celle de Menouf.

Tâchez de saisir les chefs et faites-leur couper le cou. On assure qu'il y avait de l'argent venant de Damiette. »[104].

-Au général Berthier : « Vous donnerez l'ordre au capitaine Omar de se porter au village de El-Ekhsàs,

---

[103] Lettre au général Reynier du 27 octobre 1798.
[104] Lettre au général Lanusse du 27 octobre 1798.

d'arrêter le cheik-el-beled, et de le conduire ici ; et, en cas qu'il se soit sauvé, d'arrêter quatre des principaux habitants ; ce village a tiré sur nos barques ; il est vis-à-vis la pointe du Delta. »[105].

-Au général Berthier : « Il doit être arrivé de Menouf deux frères d'Abou-Cha'yr, avec trois nègres et trois négresses. Faites interroger ces personnes séparément :

Pour connaître où sont cachés les trésors d'Abou-Cha'yr ;

Pourquoi ils ont assassiné des Français qui passaient tranquillement sur le Nil ;

Enfin pourquoi ils exerçaient toutes sortes de vexations dans la province de Menouf. »[106].

-Au général Berthier : « Vous donnerez l'ordre au général Lannes de partir demain, à la pointe du jour, avec 400 hommes, et de se rendre au village d'El-Qatàh, branche de Rosette, pour punir les habitants d'avoir arrêté ce matin deux djermes chargées d'artillerie. Il tâchera de prendre le cheik-el-beled et, à son défaut, une douzaine des principaux

---

[105] Lettre au général Berthier du 27 octobre 1798.
[106] Lettre au général Berthier du 28 octobre 1798.

habitants ; il fera tout ce qui lui sera possible pour nous faire restituer baïonnettes, canons, fusils, etc., qu'ils ont pillés. »[107].

-Au général Menou à Rosette : « J'espère qu'à l'heure qu'il est, vous aurez fait arrêter le cheik-el-beled du village d'Atfeyneh et châtié les Arabes de la province de Bahyreh. »[108].

-Au général Marmont à Damanhour : « … je crois qu'il serait nécessaire que vous y fissiez un tour. Vous partirez de là pour punir les Arabes qui se sont mal conduits. Vous aiderez le citoyen Leturcq à recouvrer les impositions et à accélérer la levée des chevaux. »[109].

-Au général Leclerc à Qelyoub : « Commencez par faire payer les villages qui se sont révoltés du côté de Mansourah ; rendez-vous-y avec vos forces ; faites-leur payer sur-le-champ le myry, une contribution en chevaux ; désarmez-les, prenez des otages, et, s'ils se conduisent mal à votre approche, faites couper les têtes des cheiks-el-beled. »[110].

---

[107] Lettre au général Berthier du 1 novembre 1798.
[108] Lettre au général Menou du 16 novembre 1798.
[109] Lettre au général Marmont du 16 novembre 1798.
[110] Lettre au général Leclerc du 16 novembre 1798.

-Au général Leclerc : « Je suis instruit par une voie sûre qu'hier, 2 frimaire, Ibn-Habib, chef d'Arabes, demeurant au village de Dagoueh, dans votre province, a fait partir 40 chevaux chargés de farine et d'autres provisions, sous l'escorte des Arabes Bily, et destinés pour Ibrahim-Bey. Transportez-vous dans ce village et tâchez d'avoir dans vos mains cet homme, que vous m'enverrez au Caire sous bonne et sûre escorte. »[111].

-Au général Leclerc à Qelyoub : « Faites confisquer les grains, les nombreux bestiaux et brûler la maison d'Ibn-Habib, qui a envoyé des chevaux à Ibrahim -Bey et qui est depuis deux mois avec les Arabes. »[112]

-Au général Leclerc à Qelyoub : « J'imagine qu'à mon retour vous serez en marche pour débarrasser le général Verdier et la province de Qelyoub des Arabes qui la désolent. »[113] .

-Au Citoyen Poussielgue : « Je vous préviens, Citoyen, que le général en chef a ordonné au commandant de la place

---

[111] Lettre au général Leclerc du 23 novembre 1798.
[112] Lettre au général Leclerc du 30 novembre 1798.
[113] Lettre au général Leclerc du 7 janvier 1799.

de faire couper la tête à Abou-Cha'yr, membre du divan de Qelyoub, convaincu de trahison envers l'armée française ; il a ordonné également que ses biens seraient confisqués au profit de la République. »[114].

-Au général Murat : « … à la pointe da jour, tomber sur leur camp, prendre tous leurs chameaux, bestiaux, femmes, enfants, vieillards et la partie de ces Arabes qui sont à pied.

Vous tuerez tous les hommes que vous ne pourrez pas prendre. »[115] (village de Gemmazeh, province d'Atfyeh).

-Au général Menou : « Vous ne me faites pas connaître, Citoyen Général, le nom de la tribu d'Arabes qui vous inquiète à Rosette. Nous sommes parvenus, dans le reste de l'Égypte, à nous en débarrasser en faisant des marches de trois jours dans le désert, sur leurs camps, avec 200 hommes : ce qui les effraye au point de donner des otages, faire la paix et vivre en honnêtes gens, ou de fuir à cinq ou six journées dans le désert, et alors ils ne sont plus dangereux. Des gens du pays vous indiqueront leur camp. Envoyez-y

---

[114] Lettre au Citoyen Poussielgue du 8 janvier 1799.
[115] Lettre au général Murat du 11 janvier 1799.

de nuit 250 hommes, et alors vous n'en entendrez plus parler. »[116].

-Au général Berthier : « Quant aux prisonniers, soit hommes, soit femmes, qui leur ont été faits, ils ne leur seront rendus que lorsqu'ils amèneront autant de chameaux qu'il y a de prisonniers. Les deux cheiks donnent, l'un, son neveu, l'autre, son fis en otage. »[117].

-Au général Verdier à Mansourah : « J'ai appris avec intérêt l'expédition que vous avez faite contre les Arabes de Derne.

Le cheik du village de Myt-Ma'sarah est extrêmement coupable ; vous le menacerez de lui faire donner des coups de bâton, s'il ne vous désigne pas l'endroit où il y aurait d'autres Mameluks et d'autres pièces qu'il aurait cachés ; vous vous ferez donner tous les renseignements que vous pourrez sur les bestiaux appartenant aux Arabes de Derne qui pourraient être dans son village ; après quoi, vous lui ferez couper la tête, et la ferez exposer avec une inscription qui désignera que c'est pour avoir caché des canons.

---

[116] Lettre au général Menou du 16 janvier 1799.
[117] Lettre au général Berthier du 18 janvier 1799.

Vous ferez également couper la tête au Mameluk… »[118].

-Au général Berthier : « Vous voudrez bien donner l'ordre au général Murat de partir, trois heures avant le jour, avec 120 hommes de cavalerie et 100 hommes de la 69ᵉ, pour se rendre à Qelyoub, tomber sur le camp des Arabes Haouytàt, enlever les chameaux, femmes, enfants, vieillards, les amener au Caire, et tuer tout ce qu'il ne pourra pas prendre. Il obligera tous les villages qui auraient des bestiaux à ces Arabes de les livrer ; il se fera désigner les deux villages qui appartiennent au cheik des Haouytàt ; il prendra tous les bestiaux, brûlera la maison du cheik des Haouytât, et lui fera tout le mal possible ; il préviendra le cheik-el-beled qu'il doit verser le myry dans la caisse de sa province. »[119].

-Au général Kléber : « A l'instant nous prenons deux bâtiments, un chargé de 2000 quintaux de poudre et l'autre de riz.

------

[118] Lettre au général Verdier du 18 janvier 1799.

[119] Lettre au général Berthier du 20 janvier 1799.

120

La garnison de Jaffa était de près de 4000 hommes ; 2000 ont été tués dans la ville, et près de 2000 ont été fusillés entre hier et aujourd'hui. »[120].

-Au général Dugua au Caire : « L'état-major vous instruira des détails de la prise de Jaffa. Les 4000 hommes qui formaient la garnison ont tous péri dans l'assaut ou ont été passés au fil de l'épée. Il nous reste encore Saint-Jean-d'Acre.

Avant le mois de juin, il n'y a rien de sérieux à craindre de la part des Anglais... »[121].

-Au général Desaix : « Je serai de retour en Égypte dans le courant de mai ; je compte être maitre d'Acre dans six jours...

Nous avons eu affaire, à la bataille du mont Thabor, à près de 30000 hommes ; c'est à peu près un contre dix. »[122]

-Au général Dugua : « Faites fusiller, Citoyen Général, tous les Moghrebins, Mekkins, etc. venus de la haute Égypte et qui ont porté les armes contre nous.

---

[120] Lettre au général Kléber du 9 mars 1799.
[121] Lettre au général Dugua du 9 mars 1799.
[122] Lettre au général Desaix du 19 avril 1799.

Faites fusiller les deux Moghrebins Abd-Allah et Ahmed, qui ont invité les Turcs à l'insurrection.

L'homme qui se vante d'avoir servi quinze pachas et qui vient de la haute Égypte restera au fort pour travailler aux galères.

Faites-vous donner, par le capitaine Omar, des notes sur tous les Moghrebins de sa compagnie qui sont arrêtés, et faites fusiller tous ceux qui se seraient mal conduits… »[123].

-Au général Kléber : « Hassan-Toubàr, Citoyen Général, sort de chez moi. Il remet ici, ce soir, son fils en otage ; c'est un homme âgé de trente ans. Hassan-Toubàr part sous peu de jours pour Damiette ; il parait un peu instruit par le malheur ; d'ailleurs, son fils nous assure de lui. Je crois qu'il vous sera très utile pour l'organisation du lac Menzaleh, la province de Damiette, les communications avec El-A'rych et votre espionnage en Syrie.

Je suis en guerre avec presque tous les Arabes. J'ai rompu, à ce sujet, tous les traités possibles, parce que, aujourd'hui qu'ils nous connaissent et qu'il n'y a presque

---

[123] Lettre au général Dugua du 19 juin 1799.

aucune tribu qui n'ait eu des relations avec nous, je veux avoir des otages. »[124].

-Au général Destaing : « Je donne l'ordre au général Lanusse de se porter au village de Tanoub et de le brûler, ainsi que le village d'El-Za'yrab ; après quoi il vous fera passer le 15ᵉ et les dromadaires. »[125].

-Au général Marmont : « Les Henàdy sont venus me trouver ; quoique ces scélérats eussent bien mérité que je profitasse du moment pour les faire fusiller, j'ai pensé qu'il était bon de s'en servir contre la nouvelle tribu, qui parait décidément être leur ennemie. Ils ont prétendu n'être entrés pour rien dans tous les mouvements du Bahyreh ; ils sont partis 300 des leurs avec le général Murat, qui a 300 hommes de cavalerie, trois compagnies de grenadiers de la 69ᵉ et deux pièces d'artillerie. Je lui ai donné ordre de rester huit ou dix jours dans le Bahyreh, pour détruire les Arabes et aider le général Destaing à soumettre entièrement cette province :

---

[124] Lettre au général Kléber du 23 juin 1799.
[125] Lettre au général Destaing du 28 juin 1799.

mon intention est que tous ces Arabes soient chassés au-delà de Maryout. »[126].

-Au général Desaix : « Il me paraît qu'il se trame quelque chose dans le Bahyreh; plusieurs tribus d'Arabes et quelques centaines de Moghrebins viennent de s'y rendre de l'intérieur de l'Afrique. Mourad-Bey s'y rend. Si ce rassemblement prenait de la consistance, il pourrait se faire que les Anglais et les Turcs y joignissent quelques milliers d'hommes. »[127]

-Au général Lanusse : « Je vous ai envoyé plusieurs procès-verbaux sur les assassinats commis sur nos courriers dans les villages de votre province ; faites punir les cheiks-el-beled de ces villages. Faites qu'avant l'inondation le myry soit levé. Envoyez-moi la note des villages qui, selon vous, ne sont pas assez taxés, afin de leur demander un supplément. J'attends les 30 chevaux que je vous ai demandés. »[128].

---

[126] Lettre au général Marmont du 1ᵉ juillet 1799.
[127] Lettre au général Desaix du 2 juillet 1799.
[128] Lettre au général Lanusse du 5 juillet 1799.

NAPOLÉON BONAPARTE ÉTAIT-IL MUSULMAN ?

Toute cette violence au quotidien ne peut égaler la terreur qui s'est abattue sur le Caire, deux mois après l'occupation.

IV.6.2   La révolte du Caire

La population du Caire n'en peut plus. La machine fiscale est en action et invente toutes sortes de recettes : obligation de patente pour tous les métiers, obligation d'enregistrement des propriétés, à défaut elles reviennent à l'État. Les magasins sont pleins de denrées alimentaires mais les caisses sont vides : nationaliser, taxer, imposer, élargir la grille des taxes douanières, recourir aux prêts des commerçants. Et punir le maximum de villages rebelles pour leur extorquer des fonds.

L'économie souffre du blocus, de l'insécurité et d'une pression fiscale sans précédent. La colère de la population atteint son paroxysme le 21 octobre 1798 et dégénère dans la révolte du Caire ; une révolte très meurtrière de 300 à 500 morts du côté de l'armée dont le commandant de la place le général Dupuy ainsi que l'aide de camp de Bonaparte, Sulkowski. Parmi les Cairotes, on compte entre 5000 et 6000 tués et blessés. Au général Bon, Bonaparte écrivait : « ...il est extrêmement urgent d'attaquer le quartier insurgé ; faites bombarder la mosquée ; placez les obusiers dans l'endroit le plus favorable pour pouvoir faire le plus d'effet.

Faites passer l'ordre au général Dommartin de faire la même chose et de s'emparer de la porte et des principales maisons qui conduisent à la mosquée. Sous la protection de ce feu, vous ferez entrer vos bataillons. Vous ordonnerez au général Dommartin de faire la même chose au même moment.

Le général en chef ordonne que vous fassiez passer au fil de l'épée tous ceux que l'on rencontrera dans les rues, armés.

Vous ferez publier que toutes les maisons qui jetteront dans les rues des pierres seront sur-le-champ brûlées, et pardon aux autres.

Exterminez tout ce qui sera dans la mosquée et établissez de fortes patrouilles. Pendant la nuit, exigez que toutes les maisons éclairent. »[129]. L'ordre sera donné le lendemain au même général « de faire jeter à terre, pendant la nuit, la grande mosquée, en brisant quelques colonnes, si cela est possible ; de tenir un fort poste dans la mosquée, et de lui faire faire des patrouilles dans le quartier ; de maintenir

---

[129] Lettre au général Bon du 22 octobre 1798.

libre la communication : à cet effet, de jeter à terre les barrières, portes, etc., qui obstrueraient les rues. Il aura soin surtout de maintenir libre sa communication avec le général Veaux. ».

Jamais de mémoire de Cairote, la prestigieuse Mosquée Al-Azhar n'a été profanée. Construite depuis 970 et siège d'une université islamique de renommée internationale, Al-Azhar a été bombardée sur ordre de Bonaparte pour exterminer les insurgés. Le saint Ali Bonaparte El-Kebir a démontré que pour lui l'ordre prime sur la religion, l'État a primé sur la mosquée Al-Azhar le 22 octobre 1798 comme il a primé le 5 octobre 1795 (13 vendémiaire an IV) autour de l'église Saint-Roch. Pas de pitié pour les insurgés ; quels qu'ils soient !

Rien ne vaut le témoignage de Bonaparte tel qu'envoyé au Directoire :

« Le 30 vendémiaire, à la pointe du jour, il se manifesta quelques rassemblements dans la ville du Caire.

A sept heures du matin, une population nombreuse s'assembla à la porte du cadi Ibrahim-Ekhtem-Effendi, homme respectable par son caractère et ses mœurs. Une députation de vingt personnes des plus marquantes se rendit chez lui et l'obligea à monter à cheval, pour tous ensemble se rendre chez moi. On partait, lorsqu'un homme de bon sens observa au cadi que le rassemblement était trop nombreux et trop mal composé pour des hommes qui ne voulaient que présenter une pétition. Il fut frappé de l'observation, descendit de cheval et rentra chez lui. La populace, mécontente ; tomba sur lui et sur ses gens à coups de pierres et de bâton, et ne manqua pas cette occasion pour piller sa maison.

Le général Dupuy, commandant la place, arriva sur ces entrefaites ; toutes les rues étaient obstruées.

Un chef de bataillon turc, attaché à la police, qui venait deux cents pas derrière, voyant le tumulte et l'impossibilité de le faire cesser par la douceur, tira un coup de tromblon. La populace devint furieuse ; le général Dupuy la chargea avec son escorte, culbuta tout ce qui était devant lui, s'ouvrit un passage. Il reçut sous l'aisselle un coup de lance qui lui coupa l'artère ; il ne vécut que huit minutes.

Le général Bon prit le commandement. Les coups de canon d'alarme furent tirés, la fusillade s'engagea dans toutes les rues ; la populace se mit à piller les maisons des riches. Sur le soir, toute la ville se trouva à peu près tranquille, hormis le quartier de la grande mosquée, où se tenait le conseil des révoltés, qui en avaient barricadé les avenues.

A minuit, le général Dommartin se rendit, avec quatre bouches à feu, sur une hauteur, entre la citadelle et EI-Qobbeh, qui domine à cent cinquante toises la grande mosquée. Les Arabes et les paysans marchaient pour secourir les révoltés. Le général Lannes fit attaquer par le général Veaux 4 à 5000 paysans, qui se sauvèrent plus vite qu'il n'aurait voulu. Beaucoup se noyèrent dans l'inondation.

A huit heures du matin, j'envoyai le général Dumas, avec de la cavalerie, battre la plaine. Il chassa les Arabes au-delà d'EI-Qobbeh.

A deux heures après midi, tout était tranquille hors des murs de la ville.

Le divan, les principaux cheiks, les docteurs de la loi s'étant présentés aux barricades du quartier de la grande mosquée, les révoltés leur en refusèrent l'entrée ; on les accueillit à coups de fusil.

Je leur fis répondre à quatre heures par les batteries de mortiers de la citadelle et les batteries d'obusiers du général Dommartin. En moins de vingt minutes de bombardement, les barricades furent levées, le quartier évacué, la mosquée entre les mains de nos troupes, et la tranquillité fut parfaitement rétablie.

On évalue la perte des révoltés de 2000 à 2500 hommes ; la nôtre se monte à 16 hommes tués en combattant, un convoi de 21 malades, revenant de l'armée, égorgés dans une rue, et à 20 hommes de différends corps et de différents états.

L'armée sent vivement la perte du général Dupuy, que les hasards de la guerre avaient respecté dans cent occasions.

Mon aide de camp Sulkowski, allant, à la pointe du jour, le 1er brumaire, reconnaitre les mouvements qui se manifestaient hors de la ville, a été, à son retour, attaqué par toute la populace d'un faubourg ; son cheval ayant glissé, il a été assommé. Les blessures qu'il avait reçues au combat de Sàlheyeh n'étaient pas encore cicatrisées. C'était un officier des plus grandes espérances. »[130].

Voici un témoignage oculaire d'un historien arabe de l'époque. C'est une source très crédible par sa précision. Il s'agit du Journal de Al-Jabarti : « Vers les trois heures après

---

[130] Lettre au Directoire Exécutif en date du 27 octobre 1798.

132

le lever du soleil, ne voyant pas venir de réponses, le général en chef ordonna de commencer le feu de l'artillerie. Les coups étaient dirigés vers la mosquée d'Alazhar et les endroits voisins, tels que la rue de Gaourié de Fahamin. Le peuple épouvanté fuyait en criant : Mon Dieu, préserve-nous du malheur ! Les boulets pleuvaient de toutes les hauteurs, ils ébranlaient les maisons ; leur bruit étourdissait les oreilles. Au plus fort de l'action les cheikhs montèrent à cheval, et vinrent supplier le général en chef de faire cesser ce malheur, et d'arrêter son armée. Comme les musulmans n'avaient pas cessé de combattre, tout cela n'était que fourberie. Bonaparte leur reprocha leur conduite, et leur dit qu'ils étaient les seuls coupables ; cependant désarmé par leurs supplications, il ordonna de cesser le feu, et fit publier le pardon général. Le combat cessa avant le coucher du soleil ; la terreur disparut ; les habitants se complimentaient entre eux ; personne ne pouvait croire que cela pût se terminer ainsi…

Un corps de cavalerie et un autre d'infanterie, entrés par la porte de Bérakié, parcoururent toute la nuit la rue de Gaourié, et, quand ils furent assurés que tout était tranquille, ils vinrent attacher leurs chevaux au kiblé, dans la mosquée d'Azhari ; ils cassèrent les lampes, effacèrent les écritures, pénétrèrent partout, et pillèrent tout ce qu'ils trouvèrent dans les boutiques des environs, jetèrent les livres dans la boue, foulèrent aux pieds le Coran et crachèrent dessus.

Le mardi matin les musulmans, qui allaient pour faire leur prière dans cette mosquée, rétrogradèrent bien vite en voyant des soldats sur la porte.

Différents corps vinrent s'établir dans les environs de cette mosquée, et la cernèrent de tous côtés ; ils pillèrent toutes les maisons du voisinage, sous prétexte de chercher des armes. Les habitants s'étaient sauvés ; quelques femmes qui y étaient restées furent déshonorées…

Bonaparte parut à cheval dans la ville ; plusieurs habitants garrottés marchaient devant lui. On les conduisit en prison, ou on les mit à la torture pour leur faire avouer leurs richesses. On leur demandait des armes ; les musulmans se dénonçaient entre eux. Beaucoup de personnes eurent la tête coupée, et furent jetées dans le Nil. Un grand nombre d'habitants disparurent…Les infidèles triomphaient des musulmans.

Le mercredi matin, les cheikhs vinrent supplier le général en chef de faire publier le pardon général dans les deux langues, pour rassurer le peuple ; ils lui demandèrent aussi de faire retirer ses troupes de la mosquée d'Azhari ; il y consentit et ordonna qu'il ne resterait dans les environs que soixante-dix hommes pour veiller à la tranquillité ; il leur demanda ensuite les motifs de la révolte. »[131].

Les deux témoignages se rejoignent sur plusieurs points et montrent la violence de la révolte, la cruauté de la répression et l'étendue de la profanation.

Pour Bonaparte, la violence est nécessaire pour diriger mais une violence qui n'est pas le but, qui sert à raisonner et à établir les rapports de force. Elle est souvent alternée avec le pardon.

D'après Al-Jabarti, plusieurs mosquées furent détruites (mosquée proche de Canteret-el-Duké, mosquée de Moks, mosquée de Quiasrani à Roudha), un abattage d'arbres, de palmiers dattiers et de maisons pour faire des

---

[131] Al-Jabarti, Abdal-Rahman, *Journal d'Abdurrahman Gabarti, pendant l'occupation française en Egypte*, suivi d'un *Précis de la même Campagne* par Mou'Allem Nicolas El-Turki, traduit de l'arabe par Alexandre Cardin, Paris, Chez L'Éditeur, Rue Jacob, 19 ; 1838.

retranchements et des abris et un dispositif de canons et de mortiers placés sur les hauteurs entourant la ville.

Un autre témoin oculaire d'origine arabe et de religion catholique grecque, nous donne une description de l'arrivée des ulémas chez Bonaparte pour implorer son pardon. « Lorsque les oulémas virent la défaite des révoltés et la victoire des Français, ils se rendirent auprès du général en chef, l'esprit troublé et le cœur rempli d'effroi, pour le conjurer de retirer ses troupes de la mosquée, et de faire cesser le combat partout où il durait encore. Le général leur adressa de sévères reproches sur cette coupable sédition et les malheurs affreux qui en étaient résultés, mais les oulémas lui jurèrent, au nom de Dieu, qu'ils n'en avaient eu aucune connaissance, aucun avis ; que la demande d'argent adressée à la ville en était la cause, et que la populace seulement y avait pris part. Bonaparte n'ajouta aucune foi à leurs serments , ne voulut point consentir à faire évacuer la mosquée par ses troupes, et, dans son mécontentement, il leur tourna le dos.

Les oulémas se retirèrent de sa présence, les larmes aux yeux, déplorant leur sort, et profondément affligés de voir violer l'asile sacré de leur mosquée et détruire leur religion.

NAPOLÉON BONAPARTE ÉTAIT-IL MUSULMAN ?

Dans la même journée, cependant, ils députèrent vers le général en chef le cheikh Mouhammed el-Djewhéri. Cet homme ne s'était jamais mêlé des affaires publiques, et, de sa vie, ne s'était présenté chez aucun gouverneur de l'Égypte. « Jusqu'à présent, dit-il en entrant chez Bonaparte, je n'avais visité aucun homme en place, quel qu'il fût, juste ou tyran ; et maintenant je viens te supplier de retirer tes soldats de la mosquée el-Azhar et de pardonner au pauvre peuple. Si tu daignes m'accorder ma demande, crois que, toute ma vie, j'adresserai des vœux au ciel pour toi, et que je publierai partout ta générosité. ». Le général en chef fut satisfait de cette allocution, et lui répondit qu'il pardonnait à ses amis en faveur des paroles qu'il venait de lui adresser. Il ordonna ensuite d'évacuer la mosquée, et fit proclamer le pardon dans la ville. Cependant, ayant pris des informations sur ceux qui s'étaient réunis en conseil pour faire éclater l'affreuse révolte, il fit arrêter le cheikh Saïd, cheikh des aveugles, et le cheikh qui avait parcouru la ville en invitant le peuple à se rassembler. On arrêta aussi plusieurs fakihs et des individus méprisables ; ils furent tous conduits au château, et on leur fit goûter la coupe de la mort. Ainsi cette sédition, où périrent deux mille soldats français et au moins cinq mille musulmans, ne produisit que la honte et le mépris sur ses auteurs et la profanation du sanctuaire de la religion. »[132].

Sur l'instigation de Bonaparte, le conseil des ulémas du Caire adresse un message d'apaisement aux Égyptiens : « … Habitants de l'Égypte, il y a eu des troubles dans la ville du Caire. Des insensés, des misérables, ont excité la discorde entre le peuple et l'armée française, qui vivaient en si bonne intelligence ; ils ont causé la mort de beaucoup de musulmans et le pillage de plusieurs maisons. Le feu de la discorde a été apaisé par la grâce cachée du Très-Haut et par notre intercession auprès du général en chef. C'est un homme dont l'esprit est parfait et dont le cœur a du penchant pour les musulmans ; il est plein de piété envers les pauvres ; sans lui son armée anéantissait la ville et tuait tous les habitants.

Ne pensez plus à la révolte ; ne prêtez plus l'oreille aux malintentionnés, aux gens qui ne considèrent pas la fin des

---

[132] Nakoula El-Turk, *Histoire de l'expédition des Français en Égypte*, publiée et traduite par M. Desgranges Aîné, Paris, Imprimerie Royale, 1839.

choses, et soyez sans inquiétude sur vos biens, votre patrie, vos familles et votre religion. Le Très-Haut donne le pouvoir à qui il veut.

Tous les auteurs de la révolte ont été tués.

Nous vous adressons ce conseil pour vous engager à ne pas, vous précipiter vous-mêmes au-devant de la mort. Vaquez à vos affaires, à vos devoirs religieux, et payez les impôts.

L 'homme religieux écoute les conseils. Salut ! »[133].

Dans une autre proclamation des Ulémas : « Les Français, plus que les autres Européens, aiment les musulmans et haïssent les idolâtres ; ils sont les amis du sultan notre maître et les ennemis de ses ennemis, et s'il déclare la guerre aux Russes, les Français l'aideront à reprendre les provinces, où, s'il plaît à Dieu, il ne restera plus de Russes…

---

[133] Al-Jabarti, Abdal-Rahman, *Journal d'Abdurrahman Gabarti, pendant l'occupation française en Egypte,* suivi d'un *Précis de la même Campagne* par Mou'Allem Nicolas El-Turki, traduit de l'arabe par Alexandre Cardin, Paris, Chez L'Éditeur, Rue Jacob, 19 ; 1838.

S. E. le général en chef, le grand Bonaparte, d'accord avec nous ne permettra pas qu'aucun musulman soit inquiété dans sa croyance ; il suffit que l'impôt soit payé, il fera disparaître tout ce qui ressemble à la tyrannie. »[134].

Plusieurs tentatives d'apaisement étaient nécessaires pour ramener la sérénité et rétablir la confiance entre les colons et les Égyptiens.

Le témoignage d'Antoine Galland (imprimeur ayant participé à la campagne d'Égypte ; à ne pas confondre avec le traducteur des Mille et Une Nuits) venu au Caire deux jours après la révolte :

« Le vent du nord soufflait avec force : nous arrivâmes au port de Boulàq, entre huit et neuf heures du matin, le premier brumaire. Nous apprîmes alors la révolte du Kaire, le massacre de plusieurs Français et le bombardement, pendant la nuit, de la mosquée des Fleurs où les rebelles s'étaient retirés. Ils venaient de se rendre, et tout commençait déjà à rentrer dans l'ordre. On nous fait partir un instant après pour Gyzéh ; nous y arrivâmes au bout de deux heures…

---

[134] Ibid.

NAPOLÉON BONAPARTE ÉTAIT-IL MUSULMAN ?

Débarqué au vieux Kaire, je pris un âne, car ces messieurs jouent ici un grand rôle, et je me rendis en poste au Kaire qui n'est guère qu'à une demi-lieue plus loin…, nous sommes toujours sur le qui-vive, et le général en chef s'occupe de la recherche des coupables. Il a imposé une contribution extraordinaire sur les habitants ; elle sera d'un grand secours pour payer l'arriéré.

… Les principaux cheykhs du pays ont fait une proclamation au peuple d'Égypte, pour l'inviter à la tranquillité, et à se tenir en garde contre les insinuations perfides d'Ibrahym et Mourad. Les Français disent-ils, sont les seuls vrais amis des Musulmans ; ils n'aiment pas les Russes, parce que ces idolâtres méditent la prise de Constantinople et l'invasion des pays de l'islamisme.

Ne cherchez donc pas à nuire aux Français, car une telle conduite attirerait sur vous les malheurs, la mort et la destruction ; et souvenez-vous que le plus religieux des prophètes a dit : La sédition est endormie, maudit soit celui qui l'éveillera !

…Le lendemain au matin, une députation des docteurs de la loi, et des notables de la ville du Kaire, se transporta à Gyzéh, pour demander sauvegarde et protection en faveur

141

des habitants, excepté les Mameluks et leurs adhérents. Le général en chef leur accorda leur demande. Les mêmes députés demandèrent que la khoutbéh, c'est-à-dire les vœux que les prédicateurs des mosquées ont coutume de faire pour sa majesté impériale, le vendredi à la prière de midi eussent lieu comme ci-devant. Le général en chef souscrivit d'une manière authentique, et il ajouta qu'il était un des plus dévoués amis de l'empereur des Ottomans, qu'il chérissait ceux qui lui étaient attachés, et que tous ses ennemis étaient les siens propres.

Et de suite, il ordonna que les exercices religieux se fissent librement, comme à l'ordinaire, dans la ville du Kaire, et que la proclamation de la prière, la lecture du koran, l'ouverture des mosquées, et tout acte de piété reprissent leur cours. Il se plut encore à informer la députation qu'il était pénétré de la vérité incontestable qu'il n'y a d'autre Dieu que Dieu, que les Français en général, étaient remplis de vénération pour notre prophète et le livre de la sainte loi, et que beaucoup d'entre eux étaient convaincus de la supériorité de l'islamisme sur toutes les autres religions ; et, en preuve, le général cita de tous les musulmans qu'il trouva esclaves à Malte, lorsqu'il eut le bonheur de s'en emparer, la destruction des églises chrétiennes et des croix dans les États qu'il a conquis, et particulièrement dans la ville de Venise où il a fait cesser les vexations qu'on faisait aux musulmans, le renversement du trône du pape qui légitimait le massacre des fidèles, et dont le siège était à Rome[135]. Cet ennemi éternel de l'islamisme qui faisait croire aux chrétiens que c'était une œuvre méritoire aux yeux de Dieu, que de verser le sang des vrais croyants, n'existe plus pour le repos des fidèles sur lesquels le Tout-puissant veille avec bonté. » [136].

Un autre témoignage celui de l'officier Niello Sargy qui parle de quelque 15000 insurgés barricadés dans la mosquée Al-Azhar : « En vain les insurgés envoient demander grâce ; nos troupes, après deux heures de bombardement, entrent dans la ville la baïonnette en avant. Tout ce qui est trouvé les armes à la main est immolé sans pitié. Le général en chef

---

[135] Commentaire de Galland : « *Personne n'a montré plus d'égards que Bonaparte envers le chef et les ministres de la religion chrétienne ; mais dans la position où se trouvait l'armée d'Égypte, il n'était pas indifférent qu'un peuple fanatique pensât tout le contraire.* ».

[136] Galland, Antoine, *Tableau de l'Égypte pendant le séjour de l'armée française* (Tome 1), Paris, chez Galland, libraire, 1804.

était furieux ; je lui ai entendu dire «Serons-nous le jouet de quelques hordes de vagabonds, de ces Arabes que l'on compte à peine parmi les peuples civilisés, et de la populace du Caire, canaille la plus brute et la plus sauvage qui existe au monde ? »[137].

Napoléon n'a pas oublié ces moments forts de son séjour en Égypte. Il y revient à Sainte-Hélène avec Bertrand : « Napoléon accueillit les cheykhs comme à l'ordinaire et leur dit : « Je sais que beaucoup de vous ont été faibles, mais j'aime à croire qu'aucun n'est criminel ; ce que le prophète condamne surtout, c'est l'ingratitude et la rébellion ... Je ne veux pas qu'il se passe un seul jour où la ville du Caire soit sans faire les prières d'usage ; la mosquée de Gama-el-Azhar a été prise d'assaut, le sang y a coulé, allez la purifier. Tous les saints livres ont été pris par mes soldats, mais pleins de mon esprit, ils me les ont apportés, les voilà, je vous les restitue. Ceux qui sont morts satisfont à ma vengeance. Dites au peuple du Caire que je veux continuer

---

[137] Niello Sargy, Jean Gabriel de, *Mémoires secrets et inédits pour servir à l'histoire contemporaine sur l'expédition d'Égypte, recueillis et mis en ordre par M. Alphonse De Beauchamp* (Tome 1), Paris, Vernarel et Tenon, Libraires, 1825.

à être clément et miséricordieux pour lui. Il a été l'objet spécial de ma protection, il sait combien je l'ai aimé, qu'il juge lui-même de sa conduite ? Je pardonne à tous, mais dites-leur bien que ce qui arrive et arrivera, est depuis longtemps écrit, et qu'il n'est au pouvoir de personne d'arrêter ma marche ; ce serait vouloir arrêter le destin ... Tout ce qui arrive et arrivera, est dans le livre de la vérité. Ces vieillards se jetèrent à genoux, baisèrent les livres du Coran ; il y en avait de la plus grande antiquité. Un exemplaire avait appartenu à Hassan, d'autres à Saladin. Ils exprimèrent leur reconnaissance plus par leur contenance que par leur langage. Ils se rendirent à Gama-el-Azhar...Le cheykh El-Cherkaoui monta dans la chaire, et répéta ce que le sultan Kébir leur avait dit. Le peuple fut rassuré. L'intercession du prophète, les bénédictions de Dieu furent appelées sur ce prince grand et clément. Pendant la journée du 24, on enleva les barrières, on nettoya les rues, et on rétablit l'ordre. ».[138]

---

[138] Napoléon 1er, *Campagne d'Égypte et de Syrie : mémoires pour servir à l'histoire de Napoléon, dictés par lui-même à Sainte-Hélène*, Tome 2/ et publiés par le général Bertrand, Paris, Au Comptoir des Imprimeurs-Unis, 1847.

Loin du discours des mosquées et des conciliabules des cheikhs, l'armée continue à sévir sans merci. Bonaparte, le général vendémiaire, ne transige pas avec l'ordre et règle tous les détails jusqu'au mode d'exécution des prisonniers. Au général Berthier : « Vous voudrez bien, citoyen Général, donner l'ordre au commandant de la place de faire couper le cou à tous les prisonniers qui ont été pris les armes à la main. Ils seront conduits cette nuit aux bords du Nil, entre Boulàq et le Vieux-Caire ; leurs cadavres sans tête seront jetés dans la rivière. »[139].

Au général Reynier à Belbeys : « La tranquillité est parfaitement rétablie au Caire. Notre perte, au Caire, se monte exactement à 8 hommes tués dans les différents combats, 25 hommes malades qui, revenant de votre division, ont été assassinés en route, et une vingtaine d'autres personnes de différentes administrations et de différents corps assassinées isolément. Les révoltés ont perdu un couple de milliers d'hommes ; toutes les nuits,

---

[139] Lettre au général Berthier du 23 octobre 1798.

146

nous faisons couper une trentaine de têtes, et beaucoup des chefs ; cela, je crois, leur servira d'une bonne leçon. »[140].

Au général Desaix : « Nous faisons tous les jours couper quelques têtes.

Nous avons dans les mains une trentaine des véritables chefs de la révolte. »[141]

Ordre du général en chef : « Les chouyoukh suivants sont condamnés à mort :

Cheik Ismaïl el-Beraouy, Cheik Jusuf el-Mousàlhy, Cheik Abd-el-Ouâhab el-Chebraouy, Cheik Soliman el-Giousaky, Cheik Ahmed el-Cherqàouy, Cheik El-Seïd Abd-el-Kerym, Cheik El-Bedr el-Kodsy, ... étant reconnus comme les auteurs de la révolte qui a eu lieu au Caire le 30 vendémiaire, sont condamnés à mort.

Leurs biens, meubles et immeubles, seront confisqués au profit de la République. »[142]. Ces Chouyoukh condamnés à mort sont parmi l'élite intellectuelle et religieuse du Caire. Cheikh Ahmed el-Beraoui est le fils de Cheikh el-Beraoui et

---

[140] Lettre au général Reynier du 27 octobre 1798.
[141] Lettre au général Desaix du 28 octobre 1798.
[142] Ordre du 3 novembre 1798

neveu de Cheikh Issa el-Beraoui, une famille de ulémas chaféites d'Al-Azhar ; Al-Jabarti loue son courage et son intelligence. Cheikh Youssouf el-Moussaylhy ; issu également de ulémas chaféites azharites, est disciple de maîtres illustres : Cheikhs Atya Al-Ajouri, Ahmed El-Amroussi, Essaïdi et Mohamed el-Moussaylhi. Professeur lui-même à la mosquée Al-Kurdi, il s'est fait remarquer par son éloquence ; un tribun hors pair. Cheikh Abdel Wahab el-Chebraoui est un grand érudit, professeur à Al-Jewharya et à Al-Mechehad Al-Housseyni. Cheikh Soliman el-Gioussaghi ; dit « Sultan des aveugles » était le gérant de l'immense fortune de la fondation caritative des aveugles. Et Cheikh Ahmed Ibn Ibrahim Echerghaoui est un érudit, ayant remplacé son père dans la fetwa et l'enseignement, décrit par Al-Jabarti comme de forte corpulence avec une barbe imposante. L'exécution de ces ulémas n'est certainement pas étrangère à l'assassinat plus tard du général Kléber.

IV.6.3   L'horreur à Jaffa

Quiconque tuerait une personne non coupable d'un meurtre
ou d'une corruption sur la terre, c'est comme s'il avait tué tous
les hommes. Et quiconque lui fait don de la vie, c'est comme
s'il faisait don de la vie à tous les hommes.
(Coran, Sourate Al-Maidah, verset 32)

L'horreur de Jaffa restera une honte pour l'Armée d'Orient et pour son chef qui a massacré des milliers de prisonniers ayant volontairement déposé les armes contre une vie sauve comme convenue avec les deux négociateurs de l'autre partie. Elle est étonnante de la part de celui qui avait écrit : « Le militaire qui signe une sentence de mort contre une personne incapable de porter les armes, est un lâche. [143]». Aussi amis et ennemis de Bonaparte condamnent à l'unanimité cette barbarie contraire à l'éthique et à l'honneur militaires. Un rappel des faits.

---

[143] Hugo, Abel, *Histoire de l'empereur Napoléon*, Paris, Au Bureau Central du Magasin Universel, 1837.

Bonaparte arrive devant Jaffa le 3 mars 1799 et assiège la ville jusqu'au 7 où l'ordre de l'assaut fut donné.

Écoutons quelques témoignages oculaires de Doguereau et de Miot. Le général Jean-Pierre Doguereau était à l'époque capitaine et a participé aux sièges de Jaffa et de Akka. Il dit de Jaffa : « On trouva dans les maisons, dans les caves et dans les tours, 4000 hommes des troupes de Djezzar, dont 800 canonniers venus de Constantinople. Après les avoir gardés vingt-quatre heures devant nos tentes, on les conduisit sur le bord de la mer et on les fusilla. On fut forcé à cette horrible mesure ; on n'avait point de vivres à leur donner, on ne savait qu'en faire. [144] »[145].

---

[144] Doguereau, Jean-Pierre, *Journal de l'expédition d'Égypte*, Paris, Perrin & Cie, 1904.

[145] Note du général Doguereau : « *Les aides de camp de Bonaparte, Eugène de Beauharnais et Croisier, avaient déterminé les derniers défenseurs de Jaffa à se rendre, en leur promettant la vie sauve. Bonaparte ne jugea pas devoir ratifier cet engagement et fit passer les prisonniers par les armes. La difficulté de les nourrir a été invoquée comme la principale raison de cette mesure de rigueur ; cependant les importants approvisionnements de vivres trouvés à Jaffa auraient pu, sans compromettre la subsistance de l'armée, assurer celle des prisonniers jusqu'au moment de leur évacuation. Les petits bâtiments trouvés dans le port de Jaffa offraient le moyen de transporter rapidement à Damiette un grand nombre de prisonniers. Par un bon vent, il fallait à peu près deux ou trois jours de navigation pour franchir cette distance. On a fait valoir également la présence à Jaffa de soldats qui, ayant capitulé à El-Arich,*

Un autre témoin oculaire, le général Jacques-François Miot donne dans les détails la description du massacre des prisonniers : « Le 20 ventôse (10 mars), dans l'après-midi, les prisonniers de Jaffa furent mis en mouvement au milieu d'un vaste bataillon carré formé par les troupes de la division du général Bon. Un bruit sourd du sort qu'on leur préparait me détermina, ainsi que beaucoup d'autres personnes, à monter à cheval et à suivre cette colonne silencieuse de victimes, pour m'assurer si ce qu'on m'avait dit était fondé. Les Turcs marchaient pêle-mêle, prévoyant déjà leur destinée ; ils ne versaient pas de larmes, ils ne poussaient point de cris : ils étaient résignés. Quelques-uns blessés, ne pouvant suivre aussi promptement, furent tués à coups de baïonnette. Quelques autres circulaient dans la foule et semblaient donner des avis salutaires dans un danger aussi imminent. Peut-être les plus hardis pensaient-ils qu'il ne leur était pas possible d'enfoncer le bataillon qui les enveloppait ; peut-être espéraient-ils qu'en se disséminant dans les champs qu'ils traversaient, un certain nombre échapperait à

_____

avaient violé leur promesse de ne plus servir contre la France : mais ils ne formaient qu'une faible partie de la garnison. ».

la mort. Toutes les mesures avaient été prises à cet égard, et les Turcs ne firent aucune tentative d'évasion.

Arrivés enfin dans les dunes de sable au sud-ouest de Jaffa, on les arrêta auprès d'une mare d'eau jaunâtre. Alors l'officier qui commandait les troupes fit diviser la masse par petites portions, et ces pelotons conduits sur plusieurs points différents y furent fusillés.

Cette horrible opération demanda beaucoup de temps, malgré le nombre des troupes réservées pour ce funeste sacrifice, et qui, je dois le déclarer, ne se prêtaient qu'avec une extrême répugnance au ministère abominable qu'on exigeait de leurs bras victorieux.

Il y avait près de la mare d'eau un groupe de prisonniers, parmi lesquels étaient quelques vieux chefs au regard noble et assuré, et un jeune homme dont le moral était fortement ébranlé. Dans un âge si tendre, il devait se croire innocent, et ce sentiment le porta à une action qui parut choquer ceux qui l'entouraient.

Il se précipita dans les jambes du cheval que montait le chef des troupes françaises ; il embrassa les genoux de cet officier, en implorant la grâce de la vie. Il s'écriait : « De quoi suis-je coupable ? Quel mal ai-je fait ». Les larmes qu'il versait, ses cris touchants furent inutiles ; ils ne purent changer le fatal arrêt prononcé sur son sort. A l'exception de ce jeune homme, tous les autres Turcs firent avec calme leur ablution dans cette eau stagnante dont j'ai parlé, puis, se prenant la main, après l'avoir portée sur le cœur et à la bouche, ainsi que se saluent les musulmans, ils donnaient et recevaient un éternel adieu.

Leurs âmes courageuses paraissaient défier la mort ; on voyait dans leur tranquillité la confiance que leur inspirait, à ces derniers moments, leur religion et l'espérance d'un avenir heureux. Ils semblaient se dire : « Je quitte ce monde pour aller jouir auprès de Mahomet d'un bonheur durable. » Ainsi, ce bien être après la vie que lui promet le Coran, soutenait le musulman vaincu, mais fier dans son malheur.

Je vis un vieillard dont le ton et les manières annonçaient un grade supérieur, je le vis faire creuser froidement devant lui, dans le sable mouvant, un trou assez profond pour s'y enterrer vivant : sans doute il ne voulut mourir que par la main des siens.

Il s'étendit sur le dos dans cette tombe tutélaire et douloureuse, et ses camarades, en adressant à Dieu des prières suppliantes, le couvrirent bientôt de sable, et trépignèrent ensuite sur la terre qui lui servait de linceul, probablement dans l'idée d'avancer le terme de ses souffrances.

Ce spectacle qui fait palpiter mon cœur et que je peins encore trop faiblement, eut lieu pendant l'exécution des pelotons répartis dans les dunes. Enfin il ne restait plus de tous les prisonniers que ceux placés près de la mare d'eau. Nos soldats avaient épuisé leurs cartouches ; il fallut frapper ceux-ci à la baïonnette et à l'arme blanche. Je ne pus soutenir cette horrible vue ; je m'enfuis pâle et prêt à défaillir.

Quelques officiers me rapportèrent le soir que ces infortunés, cédant à ce mouvement irrésistible de la nature qui nous fait éviter le trépas, même quand nous n'avons plus l'espérance de lui échapper, s'élançaient les uns dessus les autres, et recevaient dans les membres les coups dirigés au cœur et qui devaient sur le champ terminer leur triste vie. Il se forma, puisqu'il faut le dire, une pyramide effroyable de morts et de mourants dégouttant le sang, et il fallut retirer les corps déjà expirés, pour achever les malheureux, qui, à l'abri de ce rempart affreux, épouvantable, n'avaient pas encore été frappés. ». Miot ajoute : « Ce tableau est exact et fidèle, et le souvenir fait trembler ma main qui n'en rend point l'horreur.[146] ».

Voyons ce qu'en dit Bonaparte lui-même : « A cinq heures, nous étions maitres de la ville, qui, pendant vingt-quatre heures, fut livrée au pillage et à toutes les horreurs de la guerre, qui jamais ne m'a paru aussi hideuse.

4000 hommes des troupes de Djezzar ont été passés au fil de l'épée ; il avait 800 canonniers. Une partie des habitants a été massacrée... j'ai été clément envers les Égyptiens, autant que je l'ai été envers le peuple de Jaffa, mais sévère envers la garnison, qui s'est laissée prendre les armes à la main.

Nous avons trouvé à Jaffa cinquante pièces de canon, dont trente formant l' équipage de campagne, le modèle européen, et des munitions ; plus de 400000 rations de biscuit, 200000 quintaux de riz et quelques magasins de savon. Les corps du génie et de l'artillerie se sont

---

[146] Miot, Jaques, *Mémoires pour servir à l'histoire des expéditions en Égypte et en Syrie*, Commissaire des Guerres à l'Armée d'Égypte, Paris, Chez Demonville, Imprimeur-Libraire, 1804.

distingués…Ces différentes affaires nous ont coûté 50 hommes tués et 200 blessés.

L'armée de la République est maitresse de toute la Palestine. »[147].

Interrogé à Sainte-Hélène par le médecin irlandais O'Meara, voici la version de Napoléon qui explique les raisons du massacre tout en contestant le nombre de victimes : « Il n'est pas vrai, a répliqué Napoléon, que le nombre en fit si grand. J'ai donné ordre d'en fusiller environ mille ou douze cents, ce qui fut exécuté. La raison en fut, qu'on reconnut dans la garnison de Jaffa, un certain nombre de Turcs que j'avais pris peu de temps auparavant à El-Arish, et envoyés à Bagdad sur leur parole de ne pas servir contre moi pendant un an. Je les avais fait escorter l'espace de douze lieues sur la route de Bagdad par une division de mon armée. Mais, au lieu de se rendre à cette ville, il se jetèrent dans Jaffa, le défendirent jusqu'à la dernière extrémité, et furent cause que je perdis, avant de m'en emparer, un grand nombre de braves soldats, qui n'auraient pas péri, si ces Turcs n'eussent renforcé la garnison de la

---

[147] Lettre au Directoire 13 mars 1799.

place. De plus, je leur envoyai un parlementaire, avant l'attaque. Nous vîmes, immédiatement après, élever sa tête au bout d'une perche sur les murailles. Si je les eusse épargnés de nouveau, et renvoyés sur leur parole, ils seraient allés directement à St. Jean d'Acre, où ils auraient joué la même scène qu'à Jaffa. Le salut, la vie de mes soldats, me le défendait, car tout général doit se regarder comme le père de ses troupes, et regarder ses troupes comme ses enfants. Les faire garder par une portion de mon armée déjà réduite et affaiblie par la perfidie de ces misérables était impossible. En effet, une conduite différente de la mienne aurait probablement causé la destruction entière de mon armée. Ainsi, me prévalant du droit de la guerre qui autorise la mort de prisonniers faits en de telles circonstances ; indépendamment du droit que me donnait la prise de la ville par assaut, et de celui de représailles, j'ordonnai que les prisonniers faits à El-Arish, qui, au mépris des conditions de leur capitulation, avaient été trouvés les armes à la main contre moi, seraient choisis et fusillés. Le reste, qui montait à un nombre considérable ; fut épargné. Je ferais ; a continué Napoléon, la même chose demain, comme le ferait

Wellington, ou tout autre général commandant une armée en pareilles circonstances. »[148].

Est-ce que le témoignage de Miot est exagéré ? Peut-être ; surtout que Bonaparte explique que ce n'est pas un témoin neutre. Il le qualifie comme « un polisson que j'ai tiré de la boue ainsi que son frère. Il assure que je l'ai menacé pour avoir écrit son livre, ce qui est un mensonge. J'ai dit une fois à son frère qu'il aurait bien pu ne pas publier des faussetés. C'était un homme qui tremblait toujours de peur. »[149]. Toujours est-il que le général en chef ne nie pas la véracité du massacre ; c'est pourquoi la plupart de ses ennemis et quelques-uns de ses amis vont exploiter l'horrible massacre pour le salir. Quelques exemples :

-Pour Antoine Vincent Arnault, ancien secrétaire perpétuel de l'Académie, ami de Napoléon, ancien Ministre de l'Instruction publique par intérim pendant les Cent-Jours : « La place de l'assaut est faite, et, malgré la résistance acharnée de la garnison, Jaffa est emportée. Le massacre

---

[148] O'Meara, Barry E., *Napoléon dans l'Exil ou Une Voix de Ste-Hélène*, Tome 1, Londres, W.Simpkin et R. Marshall, Libraires, 1823.
[149] Ibid.

devient général ; rien n'arrête la rage du soldat. La fureur donne la mort, et la mort donne la contagion. Pendant deux jours et deux nuits, le glaive exterminateur détruit ceux qui défendaient Jaffa. Ses dunes ont vu une partie de ce sacrifice, offert à un dieu barbare, mais inconnu. L'histoire, aussi inflexible et aussi impénétrable que Bonaparte, en transmet sans explication la mémoire à la postérité. Sa proclamation aux habitants du Caire, à son retour de Syrie, est le témoignage sans justification de la destruction des prisonniers de Jaffa. »[150].

- Pour l'écrivain, historien et dramaturge Jean Joseph Ader : « Quel affreux tableau que celui du sac d'une ville ! et comment les Français purent-ils oublier un instant les principes d'humanité qui les avaient fait admirer et chérir par les Égyptiens ! Les malheureux habitants de Jaffa eurent à subir tout ce qu'une vengeance effrénée inspire d'odieux, tout ce que la soif du sang a d'épouvantable. Pendant trente-six heures, malgré les efforts des officiers français, on ne cessa d'entendre dans toutes les maisons des cris, des

---

[150] Arnault A.V. et al., *Vie de Napoléon*, Bruxelles, Tome 1, Chez H. Tallandier, Libraire, 1825.

sanglots étouffés par les imprécations de la fureur. Si nos guerriers eussent éprouvé une perte considérable, s'ils avaient eu à châtier une perfidie, peut-être seraient-ils excusables ; mais ils ne comptaient que trente hommes tués et deux cents blessés ! mais ils avaient combattu des malheureux qui défendaient leurs foyers contre des étrangers ! Tirons un voile sur des scènes aussi lugubres : elles sont heureusement rares dans les annales militaires de la France, et nous n'aurons plus à gémir d'être obligés de remplir les devoirs imposés par l'impartialité historique que nous professons.

Mais que disons-nous ? il semble que la prise de Jaffa devait être le signal de toutes les horreurs que la guerre entraîne à sa suite. Des prisonniers nombreux avaient été faits pendant la route ; leur garde aurait employé des bras que les combats réclamaient impérieusement ; ils consommaient des vivres précieux ; les mettre en liberté c'était envoyer du renfort à l'ennemi.

Ils furent exterminés !...

La superstition put voir un effet de la justice divine dans les symptômes de peste qui se manifestèrent parmi les Français dès le lendemain du sac de Jaffa. Une fièvre épidémique les ayant attaqués en même temps, ils la confondaient avec ce premier fléau et se crurent tous menacés d'une mort certaine. »[151]

- « La ville fut livrée au pillage, et trois mille hommes, qui s'étaient laissés prendre les armes à la main, furent passés au fil de l'épée.

Bonaparte, fatigué de voir répandre le sang, fit grâce à quelques-uns. »[152]

- « Trois jours après, Bonaparte, qui avait fortement blâmé le mouvement de pitié éprouvé par ses troupes, résolut de se débarrasser du soin de nourrir trois mille huit cents prisonniers. Il ordonna aux Turcs de se rendre tous sur une hauteur hors de Jaffa, où une division d'infanterie française se plaça en ligne vis-à-vis d'eux. Les Turcs s'alignèrent aussi, et un coup de canon annonça l'horrible scène qui allait commencer ; des volées de mousqueterie et de mitrailles furent tirées au même instant sur ces infortunés

---

[151] Ader, Jean-Joseph, *Histoire de l'expédition d'Égypte et de Syrie* (3e éd.) ; revue pour les détails stratégiques par M. le général Beauvais, Paris, Ambroise Dupont et Cie, Libraires, 1827.
[152] Lattil, Jean Baptiste, *Campagnes de Bonaparte à Malte, en Égypte et en Syrie*, Marseille, Chez Rochebrun, Imprimeur, 1802.

qui étaient sans défense. Bonaparte regardait de loin à travers un télescope, et lorsqu'il vit la fumée s'élever il laissa échapper un cri de joie, car il avait craint avec raison de ne pas trouver les troupes disposées à se déshonorer par cet atroce massacre. Le général Kléber lui avait fait les remontrances les plus vigoureuses. Un officier de l'état-major qui commandait les troupes en l'absence du général, avait refusé d'exécuter les ordres du chef sans un ordre écrit ; mais Bonaparte, sans donner cet écrit, envoya le major-général pour intimer de nouveau l'ordre verbal.

Dès que les Turcs furent couchés par terre, les soldats français, par un mouvement d'humanité, allèrent achever à coups de baïonnettes ceux qui souffraient encore les tourments, de l'agonie ; mais il y en eut un nombre considérable qui languit pendant plusieurs jours.

Une conquête signalée par tant d'horreurs devait bientôt échapper à Bonaparte; et il s'emblait que la providence voulût déjà l'avertir combien sont fragiles des lauriers souillés par le crime.

La terreur devait influer puissamment sur des peuples d'un caractère doux et paisible. Aussi Bonaparte ne négligea aucune occasion d'effrayer ses ennemis, par le spectacle d'atrocité de tout genre. »[153].

- « Eugène et Croisier reçurent une forte réprimande, mais le mal était fait ; quatre mille hommes étaient là, attendant qu'on prononçât sur leur sort. On fit asseoir ces prisonniers en avant des tentes ; une corde leur attachait les mains derrière le dos ; une ardente fureur animait leur figure. On tint conseil sur le parti qu'il y avait à prendre ; on délibéra longtemps sans rien arrêter. Dans les rapports journaliers qui arrivaient chaque soir, il n'était question que des plaintes des soldats ; ils montraient leur mécontentement de voir leur pain donné à des ennemis ; les rations étaient insuffisantes, ils menaçaient d'une révolte. Le conseil se réunit de nouveau, avec le plus vif désir de trouver une mesure qui pût sauver ces malheureux… Bonaparte ne s'était rendu qu'à la dernière extrémité, et fut un de ceux qui virent le massacre avec le plus de douleur. »[154].

---

[153] Cuisin, J.-P.-R., *Crimes et péchés de Napoléon Bonaparte*, Paris, Chez Davi et Locard, et Delaunay, 1815.
[154] Karr, Alphonse, *Histoire de Napoléon*, Paris, Bureau Central de la Société des Dictionnaires, 1838.

AHMED ABDELKADER

-Pour Charles Richardot, officier supérieur d'artillerie à cheval participant à la campagne d'Égypte, ancien secrétaire du général Dommartin et écrivain militaire : « L'arrivée au quartier-général de quatre mille prisonniers quand on ne croyait pas en avoir un seul, est un véritable coup de foudre ... Bonaparte assemble aussitôt un conseil. Dans la position où se trouvait l'armée, que faire d'un si grand nombre de prisonniers ? Les envoyer en Égypte ? Le détachement nécessaire pour les conduire affaiblirait l'armée, et d'ailleurs comment les nourrir ? Les garder ? .... Ce moyen n'est pas plus praticable ? Les renvoyer sur paroles ? précaution illusoire, abusive. Déjà on reconnait parmi ceux-ci, et de leur aveu même, les soldats de la garnison d'EI-Arisch, qui avaient été laissés libres, sur promesse de ne pas servir contre l'armée. N'importe, c'est le seul parti auquel on puisse s'arrêter, et c'est aussi celui du véritable honneur, de la vraie gloire ; c'est celui, enfin, de la grande loyauté dont l'armée française doit donner l'exemple à ses barbares ennemis !

Respectables principes de toute morale ; admirable philosophie, sans doute. Mais ne sommes-nous pas assurés qu'en donnant la liberté à ces hommes, c'est fournir des armes contre nous-mêmes ? Or, le salut de l'armée avant tout. Et l'on décide que les prisonniers seront mis à mort !

Conduits sur le bord de la mer en quatre détachements, ces infortunés, ces victimes sacrifiées à la sûreté de l'armée, à la politique barbare des Musulmans, sont fusillés ! C'est avec le cœur brisé que les officiers commandent le feu ; c'est en gémissant que nos soldats, naguère altérés de carnage, mettent fin à cette cruelle et épouvantable exécution !

Une bataille perdue n'aurait pas répandu autant de tristesse dans toute l'armée ! ! »[155].

- « Buonaparte avait défendu de faire des prisonniers et le soldat furieux ne répondait que trop à ses ordres : garnison, habitants, hommes, femmes, enfants, vieillards, tout est passé au fil de l'épée.

Chaque rue, chaque maison, devient le théâtre du viol, du pillage, du meurtre. Jamais, dit Buonaparte lui-même, le fléau de la guerre ne se montra sous des formes plus hideuses. Le sac de cette malheureuse ville dura deux jours,

---

[155] Richardot, Charles, *Relation de la campagne de Syrie, spécialement des sièges de Jaffa et de Saint-Jean-D'Acre/* par un officier d'artillerie de l'armée d'Orient, Paris, Corréard, J., 1839.

le soldat s'arrêta, surchargé de butin et fatigué de carnage. Deux officiers seuls se montrèrent sensibles aux larmes de l'humanité… Les deux officiers étaient l'un, le jeune Eugène Beauharnais, l'autre se nommait Croisier. A la vue de ces captifs, Buonaparte ne put retenir sa colère, et la manifesta avec une telle violence, que le jeune Croisier, désespéré, chercha la mort à la première occasion, et la trouva dans les rangs ennemis. On sépara de la troupe des captifs les soldats égyptiens, qu'on renvoya dans leurs familles ; les autres, réunis aux prisonniers d'El-Arish, attendirent la décision du général en chef.

L'événement qu'on va raconter a été enseveli longtemps dans un silence profond. La puissance redoutable de Buonaparte, la terreur qu'inspirait son caractère cruel et vindicatif, ne permettaient pas de le révéler ; mais l'inexorable histoire n'admet point ces timides ménagements, et puisque l'armée française a été assez malheureuse pour avoir à sa tête un homme capable d'ordonner de sang-froid le massacre de quatre mille malheureux sans armes et sans défense, ayons le courage de faire connaître cet horrible forfait.

NAPOLÉON BONAPARTE ÉTAIT-IL MUSULMAN ?

Les prisonniers d'El-Arish, qu'on avait promis de renvoyer à Bagdad, étaient encore au camp. Ils formaient, avec les prisonniers de Jaffa, un corps de quatre à cinq mille hommes ; leur mort fut résolue. Mais, avant de les conduire au lieu de leur supplice, Buonaparte les fit rassembler et les inspecta, dans l'intention d'épargner ceux qui appartenaient aux villes qu'il avait intérêt de ménager. Parmi eux était un vieux janissaire dont l'âge et le maintien noble fixèrent ses regards : « Vieillard, lui dit-il brusquement, que faisiez-vous ici ? - Ce que vous y faites vous-mêmes, répondit intrépidement le vieux soldat ; vous servez votre sultan, je servais le mien. ». Auprès d'un homme généreux, la fierté même de cette réponse eût sauvé celui qui la faisait ; le janissaire resta dans les rangs...

Buonaparte fut donc inutilement cruel, puisqu'il pouvait ou nourrir ces prisonniers, ou en incorporer une partie dans son armée en renvoyer quelques-uns dans leur pays, et quelques autres en Égypte. Qu'importe qu'en pareille circonstance, ce Richard Cœur-de-Lion dont nous allons au théâtre pleurer les infortunes, ait commis un acte semblable de barbarie ? Est-ce sur la conduite des tyrans qu'on doit régler la sienne ? et s'il eût pris fantaisie à

Buonaparte d'incendier la ville de Paris, ses fanatiques admirateurs croiraient-ils le justifier en rappelant que la ville de Rome a été incendiée par Néron ? le massacre de Jaffa est un crime que rien ne saurait justifier ; et quelle que soit la gloire que procure la victoire, il est des taches qu'aucun éclat ne saurait effacer. »[156]

-La plus franche défense de Bonaparte revient à Marmont, duc de Raguse, maréchal d'Empire et pair de France : « On a souvent reproché au général Bonaparte deux actions : l'empoisonnement de quelques pestiférés abandonnés lors de sa retraite et le massacre des prisonniers faits à Jaffa. Je prends bien gratuitement la défense de ces deux actes, auxquels je suis complètement étranger ; mais ils me paraissent si simples, que je me laisse entraîner par la conviction, dans l'espérance de les justifier. Des hommes animés d'une fausse philanthropie ont égaré l'opinion à cet égard. Si on réfléchit à ce qu'est la guerre et aux conséquences qu'elle entraîne, conséquences variables

---

[156] Salgues, Jacques-Barthélemy, *Mémoire pour servir à l'histoire de France sous le gouvernement de Napoléon Buonaparte et pendant l'absence de la maison de Bourbon*, (Volume 2), Paris, Chez Louis FAYOLLE, Libraire, 1814.

suivant le pays, les temps, les mœurs, les circonstances, on ne peut blâmer des actions qui, j'ose le dire, ont été commandées par l'humanité et la raison : par l'humanité, car chacun de nous, placé dans la situation où étaient les pestiférés, ne pouvant être emportés, devant être abandonnés, au moment même, entre les mains de barbares qui devaient les faire mourir dans des tourments horribles; chacun de nous, dis-je, placé dans de pareilles circonstances, serait satisfait de finir quelques heures plus tôt, et d'échapper à de pareils tourments; par la raison car quels reproches n'aurait-on pas à faire à un général si, par un faux motif d'humanité envers ses ennemis, il compromettait le salut de son armée et la vie de ses soldats. En Europe, il y a des cartels d'échange ; afin de savoir ses soldats prisonniers et leur sauver la vie, on a soin de ceux qu'on fait. Mais, avec des barbares qui massacrent, on n'a rien de mieux à faire que de tuer. Tout doit être réciproque à la guerre, et si, par un sentiment généreux, on n'agit pas toujours à la rigueur, il faut se borner aux circonstances qui n'offrent aucun inconvénient ; or ici ce n'est pas le cas. Un général ne serait-il pas criminel de faire vivre des ennemis aux dépens de ses troupes manquant de pain, ou de rendre la liberté à ses prisonniers pour qu'ils viennent de nouveau combattre ? Le premier devoir d'un général est de conserver ses troupes, après avoir assuré le succès de ses opérations ; le sang d'un de ses soldats, aux yeux d'un général pénétré de ses devoirs et faisant son métier, vaut mieux que celui de mille ennemis, même désarmés. La guerre n'est pas un jeu d'enfants, et malheur aux vaincus !

Je ne puis donc comprendre comment des gens sensés ont pu faire de la conduite tenue en cette circonstance par le général Bonaparte l'objet d'une accusation. »[157].

L'empoisonnement des pestiférés

Cette question de l'empoisonnement des malades évoquée par Marmont a soulevé beaucoup de polémiques et Napoléon la nie catégoriquement.

---

[157] Marmont, Auguste Frédéric Louis Viesse de, *Mémoires du maréchal Marmont, duc de Raguse, de 1792 à 1841: imprimés sur le manuscrit original de l'auteur*, Troisième édition, Tome 2, Paris, Perrotin, libraire-éditeur, 1857.

V.

Napoléon, l'anticlérical

Puis vint Jésus. Jésus a souligné une belle vérité sur Dieu.
Il a dit que Dieu est Unique et que vous devez l'aimer de
tout votre cœur, et aimer votre voisin comme vous-même.
Mais, après la mort de Jésus, un groupe de politiciens, de
Rome, a vu dans cette religion, une possibilité de contrôler une
masse importante de gens.
Ils ont donc élevé Jésus au rang de Dieu, et partie de Dieu
Lui-même. Ils ont ensuite donné à Dieu des partenaires. Ils
étaient maintenant trois en un.

(Napoléon Bonaparte, Sainte Hélène[158])

Devant l'échec prévisible de sa campagne en Orient et fort de son dernier succès à Aboukir, Bonaparte fait un retour précipité en France le 23 août 1799 en laissant le commandement de l'armée au général Kléber.

---

[158] Gourgaud, *Journal inédit de Sainte Hélène, de 1815 à 1818*, (tome 1), Paris, Ernest Flammarion, 1947.

AHMED ABDELKADER

Le Directoire étant affaibli, Bonaparte va faire le coup d'État du 18 Brumaire (9 novembre 1799) avec les conseils de Talleyrand. Ce sera le début du Consulat avec la désignation de trois consuls (Bonaparte, Ducos et Sieyès).

Dans son Histoire du Consulat et de l'Empire, Thiers relate que Bonaparte va amener les Consuls à plus d'humanité au nom de « la dignité de la nation française » après la mort de Pie VI : Bonaparte « avait, dès l'année 1797, affecté de montrer de grands égards pour ce chef de l'Église catholique, et en avait reçu des témoignages marqués de bienveillance. Pie VI, mort à Valence en Dauphiné, n'avait pas encore obtenu les honneurs de la sépulture. Ses restes mortels étaient déposés dans une sacristie. Le général Bonaparte, revenant d'Égypte, vit le cardinal Spina à Valence, apprit ces détails, et se promit de réparer bientôt un oubli tout à fait inconvenant. Aussi, dès le 30 décembre (9 nivôse), il fit prendre par les Consuls un arrêté, appuyé sur les plus nobles considérations :

« Les Consuls, disait cet arrêté, considérant que le corps de Pie VI est depuis six mois en dépôt dans la ville de Valence, sans qu'il lui ait été accordé les honneurs de la sépulture ;

172

Que si ce vieillard, respectable par ses malheurs, a été un moment l'ennemi de la France, ce n'a été que séduit par les conseils des hommes qui environnaient sa vieillesse ;

Qu'il est de la dignité de la nation française et conforme à son caractère, de donner des marques de considération à un homme qui occupa un des premiers rangs sur la terre ;

Les Consuls arrêtent..., etc., etc. »

Suivaient les dispositions, qui ordonnaient à la fois des honneurs funèbres pour le pontife, et un monument qui fit connaître la dignité du prince enseveli. ».

Remarquer que cette décision humanitaire n'est pas prise pour des considérations religieuses mais au nom de la dignité de la nation française.

L'aura de Bonaparte se trouvera confortée au niveau international par la victoire de Marengo sur l'Autriche ; ce qui conduira au traité de Lunéville (février 1801) et à la paix d'Amiens avec les Britanniques (mars 1802) mais ceux-ci vont adresser un ultimatum à la France à propos de Malte et soutenir l'opposition royaliste encore vivace.

Dès 1801, Bonaparte va redéfinir les relations entre l'État et l'Église à travers le Concordat par lequel le catholicisme n'est plus une religion d'État mais la religion de la majorité des Français. Après plusieurs tractations avec Pie VII, Napoléon réussit à conserver les acquis de la Révolution tels que la laïcité de l'État, la liberté religieuse, le divorce et la nationalisation des biens de l'Église. Le Concordat abroge la Constitution civile du clergé (12 juillet 1790) qui avait entrainé les divergences entre un clergé constitutionnel et un clergé réfractaire. Les ecclésiastiques devaient prêter le serment suivant : « Je jure de veiller avec soin sur les fidèles de la paroisse (ou du diocèse) qui m'est confiée, d'être fidèle à la Nation, à la Loi, au Roi et de maintenir de tout mon pouvoir la Constitution décrétée par l'Assemblée nationale et acceptée par le Roi. » Tous ceux qui refusaient devaient être remplacés.

Napoléon a obtenu que les ecclésiastiques doivent prêter le serment de fidélité devant les autorités de l'État comme suit : « Je jure et promets à Dieu, sur les Saints Évangiles, de garder obéissance et fidélité au Gouvernement établi par la Constitution de la République française. Je promets aussi de n'avoir aucune intelligence, de n'assister à aucun conseil, de n'entretenir aucune ligue, soit au dedans, soit au dehors, qui soit contraire à la tranquillité publique ; et si, dans mon diocèse ou ailleurs, j'apprends qu'il se trame quelque chose au préjudice de l'État, je le ferai savoir au Gouvernement. ».

Bonaparte va mettre le pape devant le fait accompli en adoptant des « articles organiques » pour règlementer le culte catholique sans consultation avec le Vatican tout en reconnaissant conjointement l'organisation des cultes luthérien et reformé. Portalis a été l'auteur de cette grande architecture définissant les relations entre l'État et l'Église (contentieux devant le tribunal administratif, gallicanisme face au Vatican limitant le pouvoir des envoyés du pape). Ces textes sont le fondement d'une véritable police des cultes consacrant la primauté de l'État sur l'Église (mariage civil obligatoire avant bénédiction nuptiale, divorce non aboli). Ces dispositions soulèvent un tollé dans le clergé et la Curie.

Le 18 avril 1802, un jour de Pâques pas comme les autres ! Tout ce que le Consulat compte de notables ; autorités civiles et militaires, sont à Notre Dame avec les trois Consuls pour écouter le Discours sur le rétablissement du culte, sermon prononcé par M. de Boisgelin, archevêque de Tours. Une grande fête de réconciliation !

AHMED ABDELKADER

L'abbé Bourgine nous donne l'atmosphère de cette fête qui n'est pas du goût de tout le monde : « Ce jour-là, Napoléon, alors premier consul, assista à l'office en grand appareil, escorté de ses compagnons d'armes qui se révoltaient d'être obligés de prendre part à ce qu'ils appelaient une capucinade, mais qui, cependant, devant les ordres formels du maître, avaient été forcés de ronger leurs freins en silence. Augereau, le plus mécontent de tous, osa pourtant laisser éclater sa colère au milieu du cortège qui se rendait à la basilique.

Lorsqu'il vit qu'on le conduisait à Notre-Dame, « pour entendre la messe, » il voulut descendre de la voiture où il se trouvait avec Lannes. On alla prévenir le premier consul qui, par l'entremise de son aide de camp Le Marois, dut user de toute son autorité pour le maintenir dans l'obéissance. Parvenu à la cathédrale, pour se venger de la contrainte qui lui était imposée, Augereau, pendant toute la durée de la cérémonie, parla si haut, que sa voix couvrit à plusieurs reprises celle de l'officiant…des caricatures circulèrent : l'une d'elles représentait le premier consul tombé dans un immense bénitier, et noyé par les évêques qui le repoussaient au fond de l'eau avec leurs crosses. ».[159]

De l'autre côté les religieux et l'Église réfractaire sont mécontents.

La Curie va continuer de protester tout en acceptant à contre cœur la participation du pape au sacre de l'empereur à Notre Dame de Paris le 2 décembre 1804 suite à beaucoup de tractations secrètes (action énergique de Madame Mère et du Cardinal Fesch, oncle de Napoléon).

Au lieu de se déplacer à Rome, Napoléon a tenu à humilier le pape en l'invitant à Paris et en limitant son rôle à la bénédiction du règne. D'ailleurs Napoléon l'accueille de façon très informelle dans la forêt de Fontainebleau comme pour minimiser la rencontre. Bainville y voit « de petites avanies, de mesquines humiliations qu'il inflige à Pie VII comme pour faire excuser l'audace qu'il a de l'amener dans ce Paris où, moins de dix ans plus tôt, les églises étaient

---

[159] Bourgine, Ernest-Émile, *Première communion et fin chrétienne de Napoléon*, Tours, Alfred Cattier Editeur, 1897.

fermées au culte et la "superstition" honnie. Ce pape qu'on a déjà fait "galoper" depuis Rome pour que le sacre pût avoir lieu le premier dimanche après le 18 brumaire, il n'y a pas de ruses qu'on n'invente pour lui refuser les égards du protocole. L'empereur se rend à sa rencontre, en forêt de Fontainebleau, habillé, botté, comme s'il n'était venu que pour une partie de chasse, et entouré d'une meute de chiens. L'aide de camp qui ouvre la portière, la première figure que voit Pie VII, c'est Savary, et l'homme du drame de Vincennes prend plaisir à faire marcher dans la boue le vieillard blanc comme à s'arranger pour qu'il monte en voiture à gauche, l'empereur tenant la droite. Dans la première escorte qu'on donne au pontife caracolent des mamelouks en turban, par une situation, que les esprits forts pourront comprendre, d'associer La Mecque et Mahomet à Rome, dans une sorte de revue et de mascarade des religions, de quoi plaire à M. Dupuis, auteur de l'Origine de tous les cultes, au parti philosophique, aux militaires facétieux et à l'Institut. ».[160]

Le couronnement pontifical du successeur de Charlemagne doit surpasser le sacre des empereurs germaniques. C'est juste une opération de communication pour légitimer la nouvelle dynastie.

Pour la cérémonie, le pape dut attendre l'empereur à Notre-Dame pendant une heure et demie. Et pour le couronnement, Napoléon prit la couronne lui-même et se la posa sur la tête sous les applaudissements des soldats et de la foule. Il était clair que le pape est là juste pour la forme. Par ailleurs, « Napoléon ne devait pas pratiquer la traditionnelle veillée de prières, de même qu'il n'entrerait pas en chemise dans l'église… En réalité, la cérémonie de Notre-Dame n'avait satisfait personne. Les catholiques avaient peu apprécié le rôle humiliant de « grand témoin » dans lequel on avait confiné Pie VII. A l'inverse, les

---

[160]Bainville, Jacques, *Napoléon*, Paris, Arthème Fayard et Cie, Éditeur, 1931, 500 pp. Collection : le livre de poche historique, no 427-428.

révolutionnaires anticléricaux pestèrent contre la présence du pontife à Paris. »[161]

Et en l'absence du pape qui s'est retiré dans la sacristie, l'Empereur prononça le serment constitutionnel en présence des corps constitués, tout en posant la main sur l'Évangile : « Je jure de maintenir l'intégrité du territoire de la République ; de respecter et de faire respecter les lois du concordat et la liberté des cultes ; de respecter et faire respecter l'égalité des droits, la liberté politique et civile, l'irrévocabilité des ventes des biens nationaux ; de ne lever aucun impôt, de n'établir aucune taxe qu'en vertu de la loi ; de maintenir l'institution de la légion d'honneur ; de gouverner dans la seule vue de l'intérêt, du bonheur et de la gloire du peuple français. ».

L'Empereur qui vient d'être couronné a beaucoup de problèmes sur ses frontières. Les Anglais ne sont pas dupes. Ils constituent la première menace pour l'Empire. La paix d'Amiens échoue. Après l'ultimatum de Malte et la saisie des

---

[161] Lentz, Thierry, « Le jour du sacre », *L'Histoire*, n° 20 (collections), juillet-septembre 2003.

navires français et hollandais, la Royal Navy va détruire la flotte franco-espagnole le 21 octobre 1805 (soit 22 navires sur 33). Pire encore, le Royaume-Uni va former la Troisième Coalition (Royaume-Uni, Russie, Autriche, Suède) pour lutter contre les visées de Napoléon.

Mais la chance sourit à Napoléon qui sort victorieux de la bataille d'Austerlitz contre l'Autriche et la Russie et voilà que les Bourbons sont remplacés à Naples par Joseph, le frère de Napoléon, dont le Royaume s'adjoint Venise, le Frioul, l'Istrie et la Dalmatie.

Cette victoire va doper Napoléon qui écrit le 13 février 1806 à Pie VII pour marquer la frontière entre le temporel et le spirituel : « Votre Sainteté aura pour moi dans le temporel les mêmes égards que je lui porte pour le spirituel... Votre Sainteté est souveraine de Rome, mais j'en suis l'Empereur, tous mes ennemis doivent être les siens. ».

Dans une lettre au cardinal Fesch, la menace est claire : « Dites que j'ai les yeux ouverts ; que je ne suis trompé qu'autant que je le veux bien ; que je suis Charlemagne, l'épée de l'Église et leur empereur ; que je dois être traité de même ; [...] Je fais connaître au pape mes intentions en peu de mots. S'il n'y répond pas, je le réduirai à la même condition que ses prédécesseurs avant Charlemagne. ».

La lettre au Cardinal Fesch écrite depuis Munich en date du 7 janvier 1806 est d'une violence inouïe : « Le Pape m'a écrit, en date du 13 novembre, la lettre la plus ridicule, la plus insensée : ces gens me croyaient mort... Dites à Consalvi que, s'il aime sa patrie, il faut qu'il quitte le ministère, ou qu'il fasse ce que je demande; que je suis religieux, mais ne suis point cagot ; que Constantin a séparé le civil du militaire, et que je puis aussi nommer un sénateur pour commander en mon nom dans Rome... Dites à Consalvi, dites même au Pape que, puisqu'il veut chasser mon ministre de Rome, je pourrai bien aller l'y rétablir. On ne pourra donc rien faire de ces hommes-là que par la force ? ... Pour le Pape, je suis Charlemagne, parce que, comme Charlemagne, je réunis la couronne de France à celle des Lombards, et que mon empire confine avec l'Orient. J'entends donc que l'on règle avec moi sa conduite sur ce point de vue. Je ne changerai rien aux apparences si l'on se conduit bien, autrement je réduirai le Pape à être évêque de Rome... Dites-leur que, s'ils ne finissent pas, je les montrerai à l'Europe comme des égoïstes, et que j'établirai les affaires de l'Église en Allemagne avec l'archichancelier et sans eux. Il n'y a rien, en vérité, d'aussi déraisonnable que la cour de Rome. »

Il faut dire que Napoléon n'est pas content du Pape. Il y a déjà qu'en 1805, le Pape refuse d'annuler le mariage du frère de Napoléon qui se trouve contraint à recourir à l'Officialité de Paris. En septembre de la même année, Gouvion Saint-Cyr occupe Ancône (territoire dépendant du Pape) pour prévenir une attaque des Anglais mais le Pape proteste énergiquement et menace de rompre les relations diplomatiques. Et puis Pie VII n'est pas d'accord avec la nomination de Joseph comme roi de Naples.

En 1806, c'est l'instauration partout en France du catéchisme impérial qui enseigne « l'amour, le respect, le service militaire, les tributs (impôts) ordonnés pour la conservation et la défense de l'Empire et de son trône, nous lui devons encore des prières ferventes pour son salut et pour la prospérité spirituelle et temporelle de l'État ».

Exaspéré par les protestations du Pape contre l'extension du régime concordataire aux nouvelles provinces italiennes, contre les passages fréquents des troupes et contre la nomination des évêques, Napoléon écrit, le 31 juillet 1807, au prince Eugène, vice-roi d'Italie, après sa victoire de Friedland sur les Russes : « ... J'ai vu, par la lettre que Sa Sainteté vous a envoyée et qu'Elle n'a certainement pas écrite, qu'Elle me menace. Croirait-elle donc que les droits du trône sont moins sacrés aux yeux de Dieu que ceux de la tiare ? Il y avait des rois avant qu'il n'y eût un pape. Les conseillers du pape veulent me dénoncer à la chrétienté ! Cette pensée ridicule ne peut venir que d'une profonde ignorance du siècle où nous vivons. C'est une erreur de mille ans de date. Un pape qui se porterait à un tel excès cesserait d'être pape à mes yeux ; je ne le considèrerais plus que comme l'Antéchrist, envoyé pour soumettre l'univers et pour faire du mal aux hommes, et je rendrais grâces à Dieu de son impuissance... Je souffre depuis longtemps de tout le bien que j'ai fait ; je le souffre du pape actuel, que je cesserais de reconnaître, le jour où je serais persuadé que toutes ces intrigues viennent de lui ; je ne le souffrirais pas d'un autre pape.

Que veut faire Pie VII en me dénonçant à la chrétienté ? — Mettre mon trône en interdit ? M'excommunier ? Croit-il donc que les armes tomberont des mains de mes soldats ? Pense-t-il mettre le poignard aux mains de mes ennemis pour m'assassiner ? Oui, il y a eu des papes furieux nés pour le malheur des hommes, qui ont prêché cette infâme doctrine ; mais j'ai encore peine à croire que Pie VII ait l'intention de les imiter... Il ne lui resterait plus alors qu'à me faire couper les cheveux et à me renfermer dans un monastère. Croit-il donc que notre siècle soit retourné à l'ignorance et à la stupidité du huitième siècle ?

Le pape actuel s'est donné la peine de venir à mon couronnement ; j'ai reconnu en lui, en cette circonstance, un saint prélat ; mais il eût voulu que je lui rendisse les Légations : je n'ai pu ni voulu le faire. Le pape actuel est trop puissant. Les prêtres ne sont pas faits pour gouverner... Jésus-Christ a dit : Mon royaume n'est pas de ce monde... Pourquoi le pape ne veut-il pas rendre à César ce qui est à César ?... Ce n'est pas d'aujourd'hui que la religion est le dernier des soucis de la cour de Rome... Le temps n'est peut-être pas éloigné où je ne reconnaîtrai plus le pape que comme évêque de Rome, au même rang que les évêques de mes États. C'est la dernière fois que je discute avec la cour de Rome ; mes peuples n'ont pas besoin d'elle pour rester constamment dans l'esprit de la religion et dans la voie du salut. Et, en fait, ce qui peut sauver dans un pays peut sauver dans un autre. Les droits de la tiare ne sont, au fond, que le devoir, l'humilité et la prière. Je tiens ma couronne de Dieu et de la volonté de mes peuples ; j'en suis responsable envers Dieu et mes peuples seulement. Je serai toujours pour la cour de Rome Charlemagne et jamais Louis le Débonnaire »[162].

La pression de Napoléon sur le pape va s'accroître allant jusqu'à menacer « d'annuler la donation de Charlemagne dont on faisait une arme contre son successeur ». En juillet 1807, après la paix de Tilsit, de nouvelles revendications auprès du pape qui résiste : l'expulsion de tous les Anglais, la suppression des ordres monastiques, l'augmentation au tiers du nombre des cardinaux Français au sacré collège, un concordat pour l'Allemagne, la renonciation à la suzeraineté sur le royaume de Naples et l'application du blocus continental.

---

[162] Archives du Vatican, appendice, époque napoléonienne, vol. XII, Francia.

NAPOLÉON BONAPARTE ÉTAIT-IL MUSULMAN ?

Napoléon va finir par occuper Rome le 2 février 1808 après un ultimatum le 9 janvier notifié par l'ambassadeur français. Le général Miollis va chasser la garnison pontificale. Rome devint un théâtre de lutte d'influence entre le pape et Napoléon. Et en avril, c'est l'annexion des provinces d'Urbin, Ancône, Macerata et Camerino.

A Rome, des graffiti contre l'Empereur traité de « Chef de bandits, ce Napoléon, persécuteur de la religion, émule de Néron. » (Capo ladro, questo Napoleone, Persecutore della relligione, Emulo di Nerone).

Voilà ce que dit Fouché, le ministre de la police générale, dans ses mémoires, parlant de Napoléon : « ... « quant au dehors, ne vous en mêlez pas ; laissez-moi faire, et surtout n'allez pas vouloir défendre le pape ; ce serait par trop ridicule de votre part ; laissez-en le soin à M. de Talleyrand qui lui a l'obligation d'être aujourd'hui séculier et de posséder une belle femme en légitime mariage.» ...Ce que Napoléon venait de me dire sur le pape, faisait allusion à ses différends avec le Saint-Siège, qui remontaient en 1805 et s'aggravaient tous les jours. L'entrée de nos troupes dans Rome vint coïncider avec l'invasion de la Péninsule. Pie VII lança presqu'aussitôt un bref par lequel il menaçait

Napoléon de diriger contre lui ses armes spirituelles sans doute elles étaient bien émoussées, mais ne laissaient pas que de remuer encore bien des consciences. A mes yeux ces différends paraissaient d'autant plus impolitiques qu'ils ne pouvaient manquer d'aliéner une grande partie des peuples de l'Italie et, parmi nous, de favoriser la petite église qui nous avait tourmentés longtemps elle commençait à s'en prévaloir pour faire cause commune avec le pape contre le gouvernement. Mais Napoléon ne poussait tout à l'extrême envers le chef de l'Église, que pour avoir le prétexte de s'emparer de Rome, et de le dépouiller de tout son temporel c'était une des branches de son vaste plan de monarchie universelle et de reconstruction de l'Europe. J'y aurais donné les mains volontiers ; mais je voyais à regret qu'il partait d'une base fausse et que l'opinion commençait à se gendarmer. Comment, en effet, vouloir procéder ainsi à la conquête de tous les États, sans avoir au moins pour soi les peuples ? …Cette affaire de Rome était alors étouffée par tout ce qui se passait à Madrid et à Baïonne, où Napoléon était arrivé le 15 avril, avec sa cour et sa suite. »[163]

A la date du 17 mai 1809, Napoléon annexe Rome et quelques jours après (10 juin), Pie VII prend la bulle d'excommunication (Quum memoranda) des auteurs de l'annexion ; tous ceux qui avaient « donné l'ordre, tous les fauteurs, conseillers ou adhérents, tous ceux enfin qui avaient facilité l'exécution » de cette violation de souveraineté. La notification de l'excommunication circule : "Nous déclarons que Napoléon Ier, Empereur des Français, et tous ses adhérents, fauteurs et conseillers, ont encouru l'excommunication dont nous l'avons autrefois menacé."

Le 19 juin, Napoléon écrit à Murat : « Si le Pape … prêche la révolte…on doit l'arrêter. » et une autre fois : « Si le pape, contre l'esprit de son état et de l'Évangile, prêche la révolte et veut se servir de l'immunité de sa maison pour faire imprimer des circulaires, on doit l'arrêter ».

---

[163] Fouché, Joseph, *Mémoires de Joseph Fouché, Duc D'Otrante, Ministre de la Police Générale.* Réimpression de l'édition 1824, Osnabriiek, Biblio-Verlag, 1966.

Ensuite, « Je reçois à l'instant la nouvelle que le pape nous a tous excommuniés. C'est une excommunication qu'il a portée contre lui-même. Plus de ménagements : c'est un fou furieux qu'il faut renfermer. Faites arrêter Pacca et autres adhérents du pape. »

Le 5 juillet (jour de la bataille de Wagram), dans la nuit, c'est un vieux pape infirme qui va être arrêté et déporté à Savone (pour trois ans) sans ses cardinaux appelés à Paris (archives pontificales transférées), puis à Fontainebleau de mai 1812 jusqu'à la défaite de Napoléon en 1814.

Pour casser son mariage avec Joséphine, Napoléon fit recours à l'officialité diocésaine de Paris invoquant un vice de clandestinité et à l'officialité métropolitaine en invoquant un défaut de consentement suffisant. Cela va permettre le mariage de l'Empereur, le 1er avril 1810, avec Marie-Louise de Lorraine-Habsbourg, fille de l'Empereur d'Autriche. La moitié des cardinaux boycottent la cérémonie. Cette union va donner un garçon baptisé Napoléon François Charles Joseph et avec pour titre Roi de Rome. Le baptême du roi de Rome sera célébré de façon grandiose à Notre Dame de Paris en présence de plusieurs prélats.

NAPOLEON BONAPARTE ÉTAIT-IL MUSULMAN ?

Le pouvoir va sévir contre les prêtres réfractaires (prélats mutés ou emprisonnés, sœurs de charité persécutées, dissolution de la communauté de Saint-Sulpice, fermeture de plusieurs séminaires, dissolution des congrégations particulières). Le Pape résistait fermement à toutes les avances le dessaisissant de son pouvoir temporel et refusait l'investiture canonique à tous les prélats nommés par Napoléon. Les émissaires sont revenus bredouille.

En 1811, les conditions de détention du pape deviennent plus sévères et ce afin de le couper de ses ecclésiastiques suite à la découverte de quelques correspondances appelant à la résistance de l'Église. Plusieurs sanctions furent prises contre les conciliabules découverts. Ce qui fait dire à Thiers que de telles « violences furent suivies d'autres mesures d'une nature plus triste encore, parce qu'elles étaient empreintes du caractère d'une colère mesquine. Napoléon ordonna de séparer le Pape de tous ceux qui l'avaient entouré jusqu'ici, excepté un ou deux domestiques dont on serait sûr de ne pas lui laisser un seul secrétaire, de profiter du moment où il serait à la promenade pour lui ôter tout moyen d'écrire, d'enlever ses papiers et de les envoyer à Paris pour qu'on les y examinât, de réduire à quinze ou vingt mille francs par an sa dépense qui avait toujours été princière, et de déclarer au Pape qu'il était expressément défendu d'écrire ou de recevoir des lettres. Un officier de gendarmerie fut expédié pour le garder jour et nuit, et observer ses moindres mouvements. Le préfet, M.de Chabrol, était chargé d'effrayer Pie VII non seulement pour lui-même, mais pour tous ceux qui se trouveraient compromis dans les menées qu'on découvrirait à l'avenir. Il devait lui dire que par sa conduite imprudente il se mettait dans le cas d'être jugé, déposé même par un concile, et qu'il exposait ses complices à des peines plus sévères encore. ».[164]

La convocation d'un concile s'est soldée par un échec ; les évêques étant en phase avec le pape. La santé du Pie VII se dégradait de plus en plus ; l'âge, les conditions de détention et le stress n'arrangeant pas les choses. Après les menaces individuelles et l'emprisonnement de quelques prêtres, le concile fut convoqué de nouveau et avec de très fortes pressions il signa un projet autorisant l'institution

---

[164] Thiers, Adolphe, *Histoire du Consulat et de l'Empire : faisant suite à l'Histoire de la Révolution Française*, Volume 13, Paris, Paulin, Libraire-Editeur, 1856.

canonique par le métropolitain. Ce texte a été présenté au pape pour qu'il accepte la décision de ces évêques. Le pape se résigna avec quelques réserves qui n'avaient point plu à Napoléon.

En 1812, le Grand Empire et ses États vassaux forment la plus grande force d'Europe mais Napoléon est préoccupé par les signes de rapprochement entre les Britanniques et la Russie d'Alexandre 1er qui ne respecte plus le blocus continental. Il décida de franchir le Niémen avec quelques centaines de milliers d'hommes. La tentative de coup d'État du général Malet en décembre 1812 fit revenir Napoléon précipitamment à Paris.

Rien ne va plus après la défaite de la campagne de Russie. L'année 1813 va connaître la continuité des hostilités entre Napoléon et le Pape. L'Empereur va publier le Concordat de Fontainebleau comme loi de l'État, le 13 février 1813, pour mettre le Pape devant le fait accompli mais celui-ci va résister et publier un désaveu formel quelques semaines plus tard ; le 25 mars.

Les milieux catholiques ne comprennent pas et sont scandalisés par l'attitude de l'Empereur à l'égard du pontife, humilié et pris en otage. Chateaubriand était l'illustre représentant de ce courant protestataire : « La même politique qui le jetait dans l'Espagne vassale, agitait l'Italie soumise. Que lui revenait-il des chicanes faites au clergé ? Le souverain pontife, les évêques, les prêtres, le catéchisme même, ne surabondaient-ils pas en éloges de son pouvoir ? Ne prêchaient-ils pas assez l'obéissance ? [...] Était-ce la puissance morale et religieuse du Saint-Siège dont Napoléon avait peur ? Mais, en persécutant la papauté, n'augmentait-il pas cette puissance ? Le successeur de saint Pierre, soumis comme il l'était, ne lui devenait-il pas plus utile en marchant de concert avec le maître qu'en se trouvant forcé de se défendre contre l'oppresseur ? Qui poussait donc Bonaparte ? La partie mauvaise de son génie, son impossibilité de rester en repos : joueur éternel, quand il ne mettait pas des empires sur une carte, il y mettait une fantaisie. ».[165]

Le comte de Chante loup, Jean-Antoine Chaptal, ancien Ministre de l'intérieur en 1801, l'un des plus grands

---

[165] Chateaubriand, François René de, *Mémoires D'Outre-Tombe*, Paris : Collection Nelson, 1931.

chimistes de l'époque (son nom figure parmi ceux des savants inscrits sur la Tour Eiffel), démissionnaire à la proclamation de l'Empire (1804), donne un témoignage assez intéressant sur la religion de Bonaparte ; un mélange de croyance à la fatalité et une grande aversion pour les querelles théologiques de l'Église. Chaptal disait que : « Bonaparte, sans être dévot, était religieux, et si ses démêlés avec le Pape ne fussent pas survenus, je ne doute pas qu'à quarante-cinq ans il n'eût été dévot. Il croyait à la fatalité ; il faisait même publiquement profession d'y croire ; mais entre un fataliste et un dévot, il n'y a pas loin. Ces querelles le mirent dans le cas de lire beaucoup d'ouvrages de controverse. Elles l'obligèrent à consulter un grand nombre d'évêques et de cardinaux. Et comme dans les livres il ne trouva que du fatras, et que dans les membres du clergé il vit une différence d'opinions telle qu'ils ne s'accordaient sur aucun point, il commença à voir qu'il n'y avait rien de fixe, rien d'arrêté sur la croyance. Il disait souvent que « chaque prêtre avait sa religion à part, que celle du Pape différait de celle des cardinaux, qui à leur tour ne s'accordaient pas entre eux ; que l'archevêque de Tours était en opposition de principes avec l'évêque de Nantes, celui de Nantes avec celui d'Évreux, etc. » ; d'où il conclut qu'il n'y avait rien de fixe dans les principes de la religion.

Dès lors, il commença à ne plus y croire. Il parlait avec plaisir de ces discordances d'opinions sur les bases fondamentales de la religion. Il ajoutait qu'il n'était plus étonné que les membres du clergé ayant fait des études exactes fussent tous mécréants, et que, s'il se trouvait parmi eux des hommes de génie qui avaient soumis leur croyance, c'est qu'ils n'avaient jamais approfondi les matières de la religion dans le dessein d'affermir leur foi, mais dans l'intention formelle d'emmailloter celle des autres. Il les comparait à des géomètres qui partent d'une formule pour en faire des applications sans vérifier si la formule est exacte.

Comme il avait eu plusieurs conférences avec le Pape et qu'il était entré constamment en discussion avec lui sur les objets contestés, il se prévalait de sa supériorité et ajoutait plaisamment qu'il se renfermait dans son fort interne, contre lequel il n'y avait plus de batteries à faire jouer…

L'Empereur avait adopté la religion de M. Duvoisin, évêque de Nantes et ancien professeur distingué de la Sorbonne. C'était là son oracle. Je me rappelle que, le 24 décembre 1813, dans une longue conversation qu'il eut avec moi sur la religion et dans laquelle il m'exposait ses principes, il me dit : « L'impératrice se confessait à l'évêque de Nantes et s'accusait de faire gras le vendredi et le samedi. L'évêque lui demanda si l'Empereur en faisait de même. Oui, répondit-elle. - Eh bien ! vous faites bien de faire comme lui, ajouta l'évêque. Vous devez toujours supposer qu'il a la permission pour lui et sa famille. Toute autre conduite de votre part imprimerait une tache sur son front. L'impératrice voulut consulter le cardinal Fesch, qui lui répondit que, si l'Empereur voulait lui faire faire gras, elle devait lui jeter son assiette à la figure. « Voilà, disait-il, deux docteurs de la loi en opposition ; mais le premier est éclairé et juge d'après des principes, l'autre est un imbécile qui cherche à se faire un parti, en affectant un rigorisme qui n'est pas dans ses mœurs privées. [166]». L'imbécile ; c'est l'oncle de l'empereur, le fameux cardinal Fesch !

Quoiqu'il en soit tous les témoignages concordent à ce que l'Empereur n'est pas un athée. Au contraire, il est

---

[166] Chaptal, Jean-Antoine, *Mes souvenirs sur Napoléon*, Paris, Plon, Nourrit et Cie, 1893.

convaincu de la nécessité de la religion dans l'ordre social :
« Nulle société, disait-il aux curés de Milan, le 5 juin 1800,
ne peut exister sans morale : il n'y a pas de bonne morale
sans religion, il n'y a donc que la religion qui donne à l'État
un appui ferme et durable. Une société sans religion est un
vaisseau sans boussole. ».[167] Dans sa retraite de Sainte-
Hélène, Napoléon va revenir longuement sur l'idée
religieuse pour se démarquer de l'athéisme et faire la
distinction entre la croyance en un Dieu Unique et les autres
versions religieuses. « Le soir, il nous parle de religion. Je n'ai
jamais compris, nous dit-il, que des hommes aussi
supérieurs, comme savants, que Laplace, Monge et
Bertholet, ne crussent pas à l'existence de Dieu, et je ne
m'explique leur matérialisme que par un reste d'impression
de jeunesse. L'école de Voltaire et de Diderot a fait bien du
mal. Que de gens font ainsi, pendant leur vie, fanfaronnade
d'incrédulité, et qui, lorsqu'ils sentent la mort s'approcher,
implorent de la religion l'espoir d'un autre monde. (…) Les
religions peuvent être l'ouvrage des hommes, mais

---

[167] Bourgine, Ernest-Émile, *Première communion et fin chrétienne de Napoléon*,
Tours, Alfred Cattier Editeur, 1897.

l'existence de Dieu nous est attestée par tout te qui frappe notre imagination ; et si notre vue n'arrive pas jusqu'à lui, c'est qu'il n'a pas permis que notre intelligence allât jusque-là.[168] ».

Pour comprendre la religion de Napoléon, il ne faut pas confondre Dieu avec l'Église.

Dans ses discussions avec le général Bertrand qui lui demandait : « Sire, vous croyez en Dieu. Bah ! Dieu, qu'est-ce ? Qu'en savez-vous ? L'avez-vous vu ?». Et l'empereur de répondre : « … Oui, il existe une cause divine, une raison souveraine, un être infini ; cette cause est la cause des causes, cette raison est la raison créatrice de l'intelligence. Il existe un être infini, auprès duquel, général Bertrand, vous n'êtes qu'un atome ; auprès duquel, moi Napoléon avec tout mon génie, je suis un vrai rien, un pur néant, entendez-vous ? Je le sens, ce Dieu... je le vois... j'en ai besoin, j'y crois.... Si vous ne le sentez pas, si vous n'y croyez pas, eh bien ! tant pis

---

[168] Montholon, Charles Tristan, *Récits de la captivité de l'empereur Napoléon à Sainte-Hélène,* Tome 2, Paris, Paulin, Libraire-Éditeur, 1847.

pour vous... [169]». Voilà une réponse on ne peut plus claire rapportée par un compagnon qui était lui-même athée. D'ailleurs, Napoléon disait du général Bertrand, après des discussions de ce genre : « Je lui pardonne bien des choses : mais comment voulez-vous que j'aie quelque chose de commun avec un matérialiste, avec un homme qui ne croit pas à l'existence de l'âme ; qui croit qu'il est un tas de boue et qui veut que je sois comme lui, un tas de boue.[170] ». Il est de notoriété publique la célèbre phrase prononcée par Napoléon à la bataille de Bautzen, ému par la mort de Duroc : « Duroc, lui dit-il, il est une autre vie ; c'est là que vous irez m'attendre, et que nous nous reverrons». Cette phrase ne peut pas être prononcée par un athée.

Dans les Mémoires de Sainte-Hélène, on retrouve toujours l'Empereur croyant mais foncièrement anticlérical : « Je suis bien loin d'être athée, assurément ;

---

[169] Beauterne, Robert-Augustin Antoine de (Chevalier de), *Conversations religieuses de Napoléon : avec des documents inédits de la plus haute importance, où il révèle lui- même sa pensée intime sur le christianisme, et des lettres de MM. le Cardinal Fesch, Montholon, Hudson Lowe et Marchant, et un fac simulé de l'écriture de l'Empereur*, Paris, Chez l'Auteur et Chez Lacy, 1841.
[170] Ibid.

mais je ne puis croire tout ce que l'on m'enseigne en dépit de ma raison, sous peine d'être faux et hypocrite.

Sous l'Empire, et surtout après le mariage de Marie-Louise, on fit tout au monde pour me porter, à la manière de nos rois, à aller en grande pompe communier à Notre-Dame ; je m'y refusais tout à fait ; je n'y croyais pas assez, disais-je, pour que ce pût m'être bénéficiel, et je croyais trop encore pour m'exposer froidement à un sacrilège. (…) Je suis entouré de prêtres qui me répètent que leur règne n'est pas de ce monde, et ils se saisissent de tout ce qu'ils peuvent. Le pape est le chef de cette religion du ciel, et il ne s'occupe que de la terre. (…) Toutefois le sentiment religieux est si consolant, que c'est un bien fait du ciel que de le posséder.[171] ». Donc tous les témoignages des compagnons de Sainte-Hélène concordent et convergent vers l'image d'un déiste anticlérical. Et sans exempter ces témoignages de quelque déformation intentionnelle ou non, il serait tentant de rejoindre ici le sentiment de Louis Antoine Fauvelet de Bourrienne : « Je suis convaincu qu'aucun des

---

[171] Las Cases, Emmanuel, *Mémorial de Sainte-Hélène*, Tome1, Paris, F. Payot, 1842.

écrivains de de Sainte-Hélène ne peut être taxé de la plus légère imposture : leur dévouement et leur noble caractère sont de sûrs garants de leur véracité. Il me paraît certain que Napoléon leur a dit, dicté ou corrigé tout ce qu'ils ont publié : leur bonne foi est incontestable ; personne ne saurait en douter…Que l'on n'oublie pas son mot favori de tous les instants : Que dira l'histoire, que pensera la postérité ? [172] ».

Il ressort de partout que le problème de Napoléon était avec les évêques et leur chef ; le Pape. Et c'est malgré tout ce dernier qui aura le dernier mot et qui vaincra à force de ténacité et de patience. C'est remarquable que ce soit « … un vieillard prisonnier et débile, dépourvu de conseillers et de défenseurs, réduit le plus souvent à examiner et à résoudre tout seul des problèmes d'une gravité exceptionnelle, malgré l'exil, malgré la captivité, malgré la maladie, malgré toutes les violences, toutes les ruses et toutes les trahisons, (qui) a empêché, par une résistance

---

[172] Bourrienne, Louis Antoine Fauvelet de, *Mémoires de M. De Bourrienne, Ministre d'Etat ; sur Napoléon, Le Directoire, Le Consulat, l'Empire et la Restauration*, tome 1, Paris, Chez Ladvocat, Libraire, 1829.

invincible, la prescription contre la justice et tenu tête à celui qui se disait l'Empereur de Rome, l'Empereur d'Occident, le maître du monde. [173]».

L'autre victoire de l'Église ; c'est le fait que Napoléon a reconnu dans son testament : « Je meurs dans la religion catholique, apostolique et romaine, dans laquelle je suis né, il y a plus de cinquante ans ».

Était-ce par calcul dynastique ou par respect d'une tradition familiale ?

---

[173] Welschinger, Henri, *Le pape et l'empereur, 1804-1815*, Paris, Plon-Nourrit et Cie, 1905.

VI.

Napoléon Bonaparte, une interminable controverse

C'est pour cela, tyran ! que ta gloire ternie
Fera par ton forfait douter de ton génie !
Qu'une trace de sang suivra partout ton char !
Et que ton nom, jouet d'un éternel orage,
Sera par l'avenir ballotté d'âge en âge
Entre Marius et César !
(Lamartine, dans son poème Bonaparte)

Il y a l'homme ! On ne cite pas de créature plus émouvante.
L'admiration ne tarit pas. Mémoire immense, génie de
l'organisation, flamme de rêve, psychologie aiguë, puissance
de travail, étendue et ressort de la volonté, le sujet est
inépuisable, et l'épuiserait-on, il resterait le charme : le
romantique charme d'une carrière unique par l'abrupte
sauvagerie du point de départ, le vertige de l'apogée,
l'éloignement du point de chute. (…) Le tout oblige à
répéter : "Encore une fois, je le trouve grand !"
(Maréchal Lyautey)

Toute étude relative à Napoléon Bonaparte doit éviter l'écueil du parti pris ; tellement deux légendes diamétralement opposées s'affrontent aujourd'hui comme par le passé et surtout à l'occasion de toutes les commémorations relatives à l'Empereur. C'est le lieutenant-colonel de Baudus qui l'a fait déjà remarquer : « L'un, ne voulant voir dans Napoléon que l'adversaire du principe politique au triomphe duquel il a dévoué sa vie, n'écoute que la haine dont il est animé contre la mémoire de ce grand homme, s'efforce de rabaisser tout ce qu'il a fait, conteste parfois l'évidence de ses victoires, et irait volontiers jusqu'à nier qu'il en ait remporté. Enfin, Napoléon n'est à ses yeux que l'ogre de Corse ou Robespierre à cheval. L'autre, tout aussi extrême dans ses idées, est décidé, au contraire, à tout admirer dans cette brillante carrière, n'y trouve rien à reprendre, n'y voit rien que de parfait, d'inattaquable. »[174]. C'est aussi l'avis de Pierre Lanfrey : « Napoléon n'a été jugé le plus souvent que par l'amour ou par la haine. Après sa mort, comme de son

---

[174] De Baudus, *Études sur Napoléon*, Tome 1, Paris, Debécourt, Libraire-Éditeur, 1841.

vivant, il lui a été donné de troubler profondément le cœur des hommes, et les combats qu'avait fait naître sa politique, on a continué à les livrer pour ou contre sa mémoire. »[175]. A quelques rares exceptions près ! Comme Stendhal qui reconnaît que l'amour pour Napoléon ne l'aveugle pas. « L'amour pour Napoléon est la seule passion qui me soit restée ; ce qui ne m'empêche pas de voir les défauts de son esprit et les misérables faiblesses qu'on peut lui reprocher. »[176].

Pour les uns, c'est le sanguinaire, le despote, l'usurpateur, le misogyne ; bref c'est le « Mal napoléonien ». C'est la légende noire à laquelle on accroche la défaite de Sedan et les guerres qui s'en suivent. On fait appel aux œuvres des historiens Hyppolyte Taine, Edgard Quinet, Pierre Lanfrey, Jules Barni et Marcel Normand (« Il faut fusiller Napoléon »). Le peuple de gauche n'a pas oublié le général vendémiaire, le coup d'État du 18 brumaire, le rétablissement de l'esclavage en 1802, et plus grave encore

---

[175] Lanfrey, Pierre, *Histoire de Napoléon 1er*, septième édition, tome 1, Paris, Charpentier et Cie, Libraires-Éditeurs, 1870.
[176] Stendhal, *Vie de Napoléon : fragments*, Paris, Calman Lévy, Éditeur, 1876.

le nombre de victimes des guerres napoléoniennes en France et en Europe (« Chaque année, la France faisait présent à cet homme de trois cent mille jeunes gens ; c'était l'impôt payé à César. »[177]). Napoléon a beaucoup d'ennemis dans le clergé, l'aristocratie et les royalistes. Pour l'Action française, Léon Daudet écrit « Deux idoles sanguinaires : la Révolution et son fils Bonaparte » (avec une dédicace à la Haute Mémoire de Cadoudal). Bonaparte n'est que le produit de la Révolution qui a exporté ses horreurs en Europe et cette révolution est « bloc de bêtise, d'âneries, de fumier et de sang. ». La blessure est béante et inoubliable ; « un drame très cohésif, dont toutes les parties se tiennent et s'enchaînent. Drame religieux et philosophique, auquel succède une guerre civile d'une effroyable férocité que l'intervention d'un soldat conquérant transporte au dehors, sur les champs de bataille de l'Europe. »[178]. Maurras n'est pas plus tendre : « Nous comptons des résultats. Ils sont

---

[177] De Musset, Alfred, *La Confession d'un enfant du siècle*, Paris, Félix Bonnaire, Éditeur, 1836.
[178] Daudet, Léon, *Deux idoles sanguinaires : la Révolution et son fils Bonaparte*, Paris, Albin Michel, 1939.

désastreux. La France qu'il a anémiée par la guerre a souffert longtemps et profondément du régime napoléonien dans la paix. » (Napoléon, avec ou contre la France). Pour un catholique et royaliste comme Guy-Marie Deplace, auteur d'un opuscule de la persécution de l'Église sous Buonaparte, l'Empereur n'est qu'un usurpateur et « quand l'usurpateur, même sur le trône, n'a de partisans réels que ceux que l'impiété, l'irréligion, l'intérêt ou un faux amour de la gloire ont fait ses amis, comment ose- t-on parler du vœu du peuple comme d'un titre ? »[179].

Pour les autres, ce sont les aspects positifs de l'œuvre napoléonienne qui sont célébrés ; les « Masses de Granit » qui constituent encore la charpente de la France, le Code Civil, la Banque de France, la Cour des Comptes, les Préfets, les lycées, etc. Même Chateaubriand, grand royaliste, qui a été ennemi de Napoléon n'a pu que s'incliner devant ses réalisations et reconnaître son génie : « Bonaparte n'est point grand par ses paroles, ses discours, ses écrits, par

---

[179] Deplace, Guy-Marie, *Apologie des catholiques qui ont refusé de prier pour Bonaparte comme empereur des Français*, Lyon, Imprimerie de J.M. Barret, 1815.

l'amour des libertés qu'il n'a jamais eu […] Il est grand pour avoir créé un gouvernement régulier, un code de lois, des cours de justice, des écoles, une administration forte, active, intelligente […] Il est grand pour avoir fait renaître en France l'ordre au sein du chaos […] Il est grand surtout pour être né de lui seul, pour avoir su, sans autre autorité que celle de son génie, se faire obéir par trente-six millions de sujets […] Il est grand pour avoir surpassé tous les vainqueurs qui le précédèrent, pour avoir rempli dix années de tels prodiges qu'on a peine aujourd'hui à les comprendre. »[180].

Le retour des cendres a été l'occasion d'une grande communion nationale. Cette journée glaciale du 15 décembre 1840 inspira à Victor Hugo la belle strophe :

« *Ciel glacé, soleil pur. — Oh ! brille dans l'histoire,*
Du funèbre triomphe impérial flambeau !
Que le peuple à jamais te garde en sa mémoire,
Jour beau comme la gloire,
Froid comme le tombeau ! »

Le seul qui a campé, inébranlable, sur des positions hostiles très tranchées est bien Alphonse de Lamartine qui

---

[180] Chateaubriand, *Mémoires d'outre-tombe,* Paris, Garnier, 1910.

écrit : « Je ne me prosterne pas devant cette mémoire. Je ne suis pas de cette religion napoléonienne, de ce culte de la force que l'on veut substituer dans l'esprit de la nation à la religion sérieuse de la liberté. »[181]. Lamartine va plus loin en privé : « Je n'ai pas d'opinion sur cet homme qui incarna le matérialisme dans un chiffre armé je n'ai que haine, horreur, et, le dirai-je ? mépris ! oui, mépris, et mépris pour ceux qui l'admirent.[182]».

Ceux qui l'admirent pensent que Napoléon est bâtisseur, un fils de la Révolution française, son « exécuteur testamentaire » auquel les monarchies européennes ont imposé la guerre ! D'ailleurs, « l'idée Napoléonienne n'est point une idée de guerre, mais une idée sociale, industrielle, commerciale, humanitaire. Si, pour quelques hommes, elle apparait toujours entourée de la foudre des combats, c'est parce qu'en effet elle fut trop longtemps enveloppée par la fumée des canons et la poussière des batailles. Mais aujourd'hui les nuages sont dissipés et l'on entrevoit, à

---

[181] Discours à la Chambre, le 26 mai 1840.
[182] *Lettre à Virieu, en date du 20 juin 1840.*

travers la gloire des armes, une gloire civile plus grande et plus durable »[183].

---

[183] *Bonaparte, Napoléon-Louis, Des idées napoléoniennes, Paris, Paulin, Libraire Éditeur, 1839.*

VII.

Épilogue : l'Islam de Napoléon

L'HOMME *le plus extraordinaire, le génie le plus*
prodigieux qui ait jamais apparu sur la scène du monde,
n'est plus … La dépouille mortelle de celui qui vainquit
tous les peuples de l'Europe, et qui, pendant quinze années,
leur dicta ses lois, repose modestement à la porte d'une
cabane.[184]

(Maréchal Bertrand, Éloge funèbre de Napoléon)

Le dogme de l'unité de Dieu que Jésus-Christ et
Moïse avaient si répandu, le koran le porta dans l'Arabie,
l'Afrique et jusqu'aux extrémités des Indes. Considérée
sous ce point de vue, la religion mahométane a été la
succession des deux autres ; toutes les trois ont déraciné le
paganisme.

(Napoléon Bonaparte, d'après Gourgaud) [185]

---

[184] Bertrand, *Éloge funèbre de Napoléon*, prononcé sur sa tombe, le 9 mai 1821, par le grand maréchal Bertrand, Paris, Chez les Marchands de nouveautés,1821.

[185] Napoléon Ier, *Mémoires pour servir à l'histoire de France sous Napoléon*, Tome 2 / écrit par le général Gourgaud, son aide-de-camp, Paris, Firmin Didot, 1823.

C omment l'Islam de Bonaparte était-il perçu par l'Armée d'Orient ?

La culture religieuse dominante au sein de cette armée est celle issue de la Révolution française foncièrement anticléricale.

Les ordres donnés pour célébrer la fête du mouloud sont vécus avec une curiosité comique. « Dans trois jours, nous devons célébrer la fête de Mahomet ; tu ne le croiras pas, mais je t'assure que nous sommes aussi fervents que les pèlerins les plus fanatiques. Enfin, voilà la troisième pantomime que nous allons faire, car l'entrée solennelle de la caravane de la Mecque que nous avons faite ici n'est pas peu de chose ; tu aurais ri de me voir avec nos musiciens à la tête de ces pèlerins. »[186]. Le terme de pantomime est certainement utilisé ici au sens figuré pour désigner un comportement sans signification, ridicule ou tendant à tromper.

Même le général en chef riait de lui-même et du rôle de Sultan El Kebir qu'il jouait ; « … la tolérance religieuse était

---

[186] Lettre du général Dupuis, commandant de la place du Caire, au citoyen Deville, négociant à Toulouse. (Archives de la Guerre).

la conséquence naturelle de son esprit philosophique. Il regardait le respect pour les religions comme un puissant moyen de gouvernement ; il riait lui-même de ce qu'il avait dit devant les grands du pays, sur Mahomet, sur l'islamisme, sur le koran ; mais il désirait que cela fût répété et traduit en prose et en beaux vers arabes. L'armée, toute jeune alors, s'amusait beaucoup des cérémonies et des usages des Égyptiens[187] ».

L'on sait que la troisième personnalité de cette armée, le premier soldat à fouler la terre d'Égypte et le dernier à embarquer, le général Menou s'est converti à l'Islam. Jacques Abdallah Menou s'était marié à une musulmane d'Égypte et il était devenu la risée de l'armée ; « sa faible popularité au sein de l'armée tenant aussi à sa conversion à l'islam [188]».

---

[187] Karr, Alphonse, *Histoire de Napoléon*, Paris, Au Bureau Central des Dictionnaires,1838.
[188] Figeac, Jean-François, « Jacques-Olivier Boudon, La campagne d'Égypte, Paris, Belin, 2018, 320 p. », Cahiers de la Méditerranée [En ligne], 98 | 2019, mis en ligne le 01 décembre 2019, consulté le 08 septembre 2020. URL : http://journals.openedition.org/cdlm/11655 ; DOI : https://doi.org/10.4000/cdlm.11655

Ainsi le général Marmont écrivit à Menou, à l'occasion de son mariage sur un ton sarcastique : « Je vous fais mes compliments, mon cher général, sur votre établissement. J'ai de vifs regrets d'avoir été trop tôt à Rosette ; j'aurais eu grand plaisir d'assister à vos noces.

Vous avez raison de dire que votre mariage étonnera beaucoup de monde. Pour moi, j'y vois, mon cher général, un grand dévouement aux intérêts de l'armée française que beaucoup de gens critiqueront et que peu seront capables d'imiter. ». [189] Le maréchal Marmont, duc de Raguse, reviendra dans ses mémoires sur le mariage du général Menou : « C'est à cette époque qu'il conçut l'extravagante idée de se marier à une musulmane : il crut ce mariage politique; il supposa qu'il influerait sur l'esprit des habitants et les rapprocherait de nous : le contraire arriva, et ce mariage ridicule le rendit méprisable aux yeux de tout le monde. Menou choisit pour femme la fille d'un misérable baigneur de Rosette ; elle n'était plus jeune, elle n'était pas belle : ainsi ce ne fut pas l'entraînement des passions qui agit sur lui ; mais elle était fille de chérif et descendante de

---

[189] Lettre du 7 mars 1799.

Mahomet. Les cérémonies bizarres auxquelles il se soumit, les humiliations qu'il lui fallut supporter, imposées par sa nouvelle famille, furent publiques ; elles le rendirent la fable de l'armée. Il choisit le nom d'Abdallah (serviteur de Dieu) et échappa heureusement à la circoncision, qui n'est que de conseil et non de dogme, son âge étant d'ailleurs un titre suffisant pour l'en faire dispenser. »[190]

La conversion de Menou à l'Islam intervenait au moment même où Bonaparte discutait avec les ulémas des possibilités pour lui et son armée de se convertir sans renoncer au vin. « Dans ce temps, le général Menou embrassa publiquement l'islamisme.

Musulman, il alla à la mosquée de Rosette. Il ne demanda aucune restriction. Cette nouvelle combla de joie toute la population de l'Égypte, et ne laissa pas de doute sur la sincérité des espérances qu'elle concevait. »[191]. L'islam de

---

[190] Marmont, Auguste Frédéric Louis Viesse de, *Mémoires du maréchal Marmont, duc de Raguse, de 1792 à 1841: imprimés sur le manuscrit original de l'auteur*, Troisième édition, Tome 2, Paris, Perrotin, libraire-éditeur, 1857.
[191] Napoléon 1er, *Campagne d'Égypte et de Syrie : mémoires pour servir à l'histoire de Napoléon, dictés par lui-même à Sainte-Hélène*, Tome 1 / et publiés par le général Bertrand, Paris, Au Comptoir des Imprimeurs-Unis, 1847.

Menou ne peut pas se comprendre en dehors d'une concertation préalable avec Bonaparte. Ce dernier lui écrivit après le Mouloud : « Je vous remercie des honneurs que vous avez rendus à notre Prophète. »[192]. Certains pensent que pour le général Menou, « il s'agit d'une démarche personnelle, une curiosité pour les autres membres de l'expédition. [193] ». En tout cas, l'Islam de Menou a servi à rendre crédible pour les ulémas la sincérité de l'intention du général en chef d'embrasser l'islam. Cela Bonaparte ne l'a pas oublié à Sainte-Hélène.

Le général en chef se souciait plus que tout de son image au sein de l'armée ; c'est pourquoi l'islam de Menou lui a servi aussi de leçon. Il a reconnu à Gourgaud qu'il ne voulait pas se couvrir de ridicule bien qu'il ait eu l'intention de se faire musulman : « En Égypte, ce qui étonnait le plus les naturels était notre costume, nos chapeaux ; j'avais déjà changé plusieurs parties du costume français. Les scheicks me disaient toujours que si je voulais m'établir patriarche il

_____

[192] Lettre au général Menou du 26 août 1798.
[193] Mermillon, Julien, De l'expédition D'Égypte 1798 -1801 à la guerre au milieu des populations, Coleç. Meira Mattos, Rio de Janeiro, v. 7, n. 30, p. 211-221, sept/déc., 2013.

faudrait que l'armée se fit musulmane et prit le turban. C'était bien mon intention mais je ne voulais faire cette démarche qu'étant sûr de réussir, sans quoi, je me serais, comme Menou, couvert de ridicule. J'aurais fait de mon armée ce que j'aurais voulu, tant elle m'aimait. [194]».

Voilà qui clarifie bien des choses. En somme, se faire musulman pourquoi pas mais encore faudrait-il que cela vaille la peine ! Napoléon revient à la même idée avec Las Cases : « Il n'eût pas été impossible, lorsque j'étais en Égypte, disait l'Empereur, que les circonstances m'eussent amené à embrasser l'islamisme : mais ce n'eût été qu'à bonne enseigne ; il m'eût fallu pour cela au moins jusqu'à l'Euphrate. Le changement de religion, inexcusable pour des intérêts privés, peut se comprendre peut-être par l'immensité de ses résultats politiques. Henri IV avait bien dit : Paris vaut bien une messe ! Croit-on que l'empire d'Orient, et peut être la sujétion de toute l'Asie, n'eussent pas valu un turban et des pantalons ? car c'est au vrai

---

[194] Napoléon Ier, *Mémoires pour servir à l'histoire de France sous Napoléon,* Tome 2 / écrit par le général Gourgaud, son aide-de-camp, Paris, Firmin Didot, 1823.

uniquement à quoi cela se fût réduit. Les grands scheiks s'étaient étudiés à nous faire beau jeu, ils avaient aplani les grandes difficultés ; ils permettaient le vin et nous faisaient grâce de toute formalité corporelle ; nous ne perdions donc que nos culottes et un chapeau. Je dis nous, car l'armée, disposée comme elle l'était, s'y fût prêtée indubitablement, et n'y eût vu que du rire et des plaisanteries. Cependant, voyez les conséquences ! Je prenais l'Europe à revers, la vieille civilisation européenne demeurait cernée, et qui eût songé alors à inquiéter le cours des destinées de notre France, ni celui de la régénération du siècle ?... Qui eût osé l'entreprendre ? Qui eût pu y parvenir?[195]». Le pouvoir étant un but ultime, tout le reste n'est que brouille ! Conversion ou pas, peu importe ; la fin justifie les moyens !

La même philosophie opportuniste se trouve clairement confirmée dans une déclaration devant le Conseil d'État : « C'est en me faisant catholique que j'ai fini la guerre de Vendée, en me faisant musulman que je me suis établi en Égypte, en me faisant ultramontain que j'ai gagné les esprits

---

[195] Las Cases, Emmanuel, *Mémorial de Sainte-Hélène*, Tome1, Paris, F. Payot, 1842.

en Italie. Si je gouvernais le peuple juif, je rétablirais le temple de Salomon. [196]».

A las Cases, Napoléon confiait à Sainte-Hélène : « Mes proclamations d'Égypte étaient du charlatanisme ; mes Français ne faisaient qu'en rire. Il est faux que je m'étais habillé en musulman : si je suis jamais entré dans une mosquée, cela a toujours été comme vainqueur, et jamais comme fidèle.[197] ».

Si l'opportunisme pouvait expliquer toutes les déclarations de Bonaparte faites en Égypte, sur l'Islam, que dire de ses confidences à Sainte- Hélène où il donne ses croyances profondes et ses certitudes ; libéré qu'il était de la démagogie de l'immédiateté.

Quels intérêts avait Napoléon de dire à Gourgaud : « La religion de Mahomet est la plus belle » ou bien « J'aime mieux la religion de Mahomet. Elle est moins ridicule que la nôtre » ?

---

[196] Napoléon BONAPARTE, Déclaration au Conseil d'État, en date du 1er août 1800.
[197] Las Cases, Emmanuel, *Mémorial de Sainte-Hélène*, Tome1, Paris, F. Payot, 1842.

Autant on pouvait douter de la sincérité de tout ce qui a été dit en Égypte comme « … personne plus que moi n'est persuadé de la pureté et de la sainteté de la religion mahométane… [198] », autant on ne peut douter des confidences faites à Gourgaud sur l'Islam. Et que penser de : « Puis enfin, à un certain moment de l'histoire, apparut un homme appelé Mahomet. Et cet homme a dit la même chose que Moïse, Jésus, et tous les autres prophètes : il n'y a qu'Un Dieu. C'était le message de l'Islam. L'Islam est la vraie religion. Plus les gens liront et deviendront intelligents, plus ils se familiariseront avec la logique et le raisonnement. Ils abandonneront les idoles, ou les rituels qui supportent le polythéisme, et ils reconnaîtront qu'il n'y a qu'Un Dieu. Et par conséquent, j'espère que le moment ne tardera pas où l'Islam prédominera dans le monde [199] ». L'Islam est considéré -et en plusieurs circonstances- comme étant la continuation des religions monothéistes : le judaïsme et le christianisme. Ainsi, la religion islamique serait adoptée par

---

[198] Lettre au général Marmont du 28 août 1798.
[199] Gourgaud, Gaspard (général baron), *Journal de Sainte-Hélène 1815 - 1818*, Tome 1, Paris, Ernest Flammarion, 1947.

Napoléon à Sainte-Hélène car elle a l'avantage qu'elle n'est pas trinitaire et qu'elle n'a pas de clergé ; les deux problèmes du catholicisme selon Bonaparte.

C'est ce qui fait dire à Christian Cherfils dès 1914 que Bonaparte est déiste décidé et que « …jusqu'à sa mort, Napoléon garda un ardent amour pour l'Islam, et, à Sainte-Hélène, s'adressant aux générations à venir, il en donna les raisons.[200] ». L'on sait que Napoléon a beaucoup de respect et de sympathie pour le prophète de l'Islam et qu'il apprécie particulièrement la simplicité du dogme unitaire rejetant le mystère de la trinité mais on ne peut nullement affirmer une totale conversion à l'islam. Ce qui est sûr c'est que Napoléon est croyant et déiste et qu'il n'est pas islamophobe. Bien au contraire ! Rappelons que « les penseurs des Lumières voient bien des points communs entre leur déisme et le sobre monothéisme de l'islam. [201]».

Bien que Napoléon III pense que l'Empereur est l'« exécuteur testamentaire » de la Révolution et donc enfant

---

[200] Cherfils, Christian, *Bonaparte et l'Islam*, Paris, Pedone Ed., 1914.
[201] Cole, Juan, *Bonaparte et la République française d'Égypte*, Paris, La Découverte, 2014.

des Lumières, certains soutiennent que Bonaparte « … a une conception instrumentale de la religion, bien éloignée de celle défendue par les partisans radicaux de la philosophie des Lumières ou des Jacobins qui ne voient, eux, que superstition. Pour Bonaparte, les peuples étant naturellement religieux, c'est bien gouverner que d'utiliser leur religion pour les manipuler, alors que le culte de la Raison a amené des personnes cultivées et les révolutionnaires à ne voir dans la fois qu'un fatras irrationnel et réactionnaire qui doit être balayé avant qu'il ne devienne source de problèmes. [202] ». L'expression clef est lâchée « utiliser leur religion pour les manipuler » ; voilà une grille de lecture qui n'est pas dénuée de tout fondement !

Dans le livre en langue arabe publié en 1925 par Ahmed Hafez Awad[203], Napoléon Bonaparte en Égypte, une annexe spéciale est dédiée à la question de la conversion

---

[202] Cole, Juan, *Bonaparte et la République française d'Égypte*, Paris, La Découverte, 2007 ; Juan Cole, La véritable histoire de l'expédition d'Égypte, Paris, La Découverte, 2017.
[203] L'auteur est un écrivain journaliste, né en 1874 à Damanhour, sortant d'Al-Azhar, secrétaire du Khédive Abbas Hilmi après sa déposition par les Anglais et son exil.

de Bonaparte à l'Islam. L'auteur arrive aux conclusions suivantes :

-1. Napoléon Bonaparte n'a pas embrassé la religion islamique ;

-2. Étant fils de la Révolution française, Bonaparte n'avait aucune croyance religieuse ;

-3. Bonaparte avait l'intention de se montrer musulman dans le cas où son retour en France serait impossible ;

-4. Bonaparte voyait en l'Islam une religion simple et conforme à la nature humaine ; ce qui lui fait aimer cette religion et le fait pencher vers elle (notre propre traduction).

Le passage de Napoléon en terre d'islam est souvent présenté dans les pays arabo-islamiques comme le premier choc avec l'Occident, un choc suivi de tous les malheurs de la colonisation. L'histoire nationaliste dresse l'inventaire de tous les pillages, la barbarie de l'oppression sanguinaire et la démagogie du discours de l'Institut d'Égypte et de ceux qui apportent la civilisation. Pour cette mouvance, Bonaparte c'est surtout la répression de la révolte du Caire, la boucherie de Jaffa, les milliers de têtes coupées, les guerres sanguinaires et plus tard le décret du 16 juillet 1802 sur le rétablissement de l'esclavage.

AHMED ABDELKADER

L'Islam de Napoléon pose aussi problème pour une certaine opinion chrétienne :

« Toutes ces concessions que Bonaparte faisait aux idées religieuses et aux coutumes du peuple vaincu, afin de gagner sa confiance et son affection, étaient jugées diversement et parmi nous et parmi les musulmans eux-mêmes. Parmi les Français ceux qui avaient abandonné tout principe religieux, et qui professaient sur cette matière une complète indifférence (et malheureusement c'était le plus grand nombre), regardaient les actes de déférence de Bonaparte pour le mahométisme comme de la haute comédie à laquelle ils s'associaient gravement, se réservant d'en rire intérieurement. D'autres, qui avaient conservé les principes de la foi dans laquelle ils avaient été élevés (leur nombre était très restreint mais il y en avait), jugeant plus sévèrement cette conduite d'un général victorieux s'abaissant à feindre des sentiments religieux contraires à sa conscience. Quant aux musulmans, malgré leurs protestations, malgré leurs démonstrations les plus bruyantes, ils n'étaient pas dupes de cette mascarade, comme la suite l'a bien prouvé. Les chefs du culte, les austères sectateurs de l'islamisme, loin de regarder comme un bienfait la protection que le jeune général accordait aux musulmans, ne voulaient y voir qu'une honte pour eux, et traitaient de profanation insultante, le rôle que Bonaparte s'attribuait quelquefois dans les cérémonies religieuses. Ainsi le but principal qu'il s'était proposé est loin d'être atteint.

Si les moyens qu'il employa pour gagner les esprits de la multitude, et flatter momentanément les préjugés du pays, peuvent donner lieu à une juste critique, il n'est personne qui n'applaudisse aux efforts qu'il fit pour répandre le bienfait des lumières sur cette contrée, en chasser la barbarie, et lui rendre une partie de cette civilisation qui jadis y avait jeté tant d'éclat. »[204].

Derrière l'auteur de ce passage se cache Just-Jean-Etienne Roy qui écrivit sous le pseudonyme du Colonel Chalbrand cet ouvrage pour Mame, une maison d'édition religieuse et le fit publier dans la Collection Bibliothèque des Écoles Chrétiennes, avec l'approbation du cardinal

---

[204] Chalbrand (le colonel), *Les Français en Égypte, ou Souvenirs des campagnes d'Égypte et de Syrie* /par un officier de l'expédition ; recueillis et mis en ordre par J.-J.-E. Roy, Tours, Mame et Cie, 1855.

Archevêque de Tours. Les chrétiens n'ont jamais apprécié l'attitude de Bonaparte face à l'Islam ni son attitude envers leur propre religion.

En définitive, l'on peut accepter que « Bonaparte n'était ni musulman ni chrétien ; lui et son armée représentaient en Égypte la philosophie française, le scepticisme tolérant, l'indifférence religieuse, du dix-huitième siècle. Seulement, à défaut de religion positive dans sa tête, il nourrissait un fond de vague religiosité dans son âme. [205] ».

Mais cela n'exclue pas l'importance de la question de l'islam de Bonaparte qui est désormais un nouvel enjeu.

Le nouvel enjeu de l'islam de Bonaparte

Par temps d'islamophobie rampante, l'Islam de France serait conforté par l'appartenance d'une personnalité illustre comme Napoléon Bonaparte. Ainsi, la France ne serait pas

---

[205] Laurent, Paul-Mathieu, *Histoire de l'empereur Napoléon* (illustrée par Horace Vernet), Paris, J.-J. Dubochet et Cie, 1840.

seulement judéo-chrétienne mais elle aurait aussi une minorité musulmane dont l'Empereur lui-même. En réalité, l'Islam de France se cherche et sa place « n'est pas stabilisée. Son destin se joue entre plusieurs enjeux (historiques, politiques, juridiques, sociaux) qui convergent tous vers le constat d'un déficit de confiance du dispositif républicain laïc. Comme l'a exposé Habermas dans sa conversation avec Benoît XVI, l'État laïc (sécularisé, dit Habermas) reposerait sur des présupposés dont il ne serait pas capable d'assurer la garantie et la perpétuation. L'orientation vers le bien commun présuppose plus qu'une simple obéissance aux lois et implique un engagement plus coûteux en termes de vertus politiques, explique-t-il, et l'on ne peut uniquement agir par intérêt ou par contrainte pour que se déploient des valeurs comme celles de la solidarité, de la tolérance et de la reconnaissance. La constance historique de l'hostilité à certaines formes exprimées de diversité, jusque dans les recoins de la vie intime des individus, n'est pas sans faire écho, à propos du discours républicain et de ses réflexes d'hostilité exprimés publiquement, à un nationalisme inavoué. Le racisme antimusulman profondément moderne qui a caractérisé les opinions publiques européennes s'appuie, dans le contexte français, sur l'universalisme républicain, « nouvelle incarnation de l'impérialisme postcolonial, qui fait de l'islam un "autre" inassimilable et confond l'autodétermination du sujet autonome avec la subjectivité de l'homme blanc européen[206] ».

Depuis dix ans au moins, l'islam de Napoléon s'est invité dans l'actualité culturelle et politique en France et dans certains pays arabes. Parcourir les titres ci-dessous en donne une illustration :

- « Les confessions de Napoléon Bonaparte sur l'islam », Renaud Towe (AFRIK.COM), 02/09/2012 ;

-L'Islam et la France - De Napoléon à René Guénon, ouvrage de Didier Hamoneau, 01/09/2014, on peut lire dans son résumé :

« Ignorants de notre dette envers l'Islam, les " national-populistes " modernes ont remplacé l'antijudaïsme d'hier par l'islamophobie d'aujourd'hui. Mais la vraie France n'est pas ce pays étriqué qu'ils voudraient réduire à une race ou à une religion. La France est une civilisation respectable

---

[206] Amiraux, V., De l'Empire à la République : à propos de l'«islam de France ». *Cahiers de recherche sociologique*, (46), 45–60, 2008.

fondée sur des valeurs universelles auxquelles l'Islam a apporté sa contribution. » ;

-Houellebecq : « Napoléon aurait pu se convertir à l'islam », Thierry Clermont, Le Figaro, 06/01/2015 ;

- « Quand Napoléon Bonaparte découvrit l'Islam », 01/09/2018, apdconnaissances.com ;

- « Islamophobie, Bonaparte et Hugo réhabilitent le Prophète Mahomed », Cherif Lounès, Mondafrique, 10/11/2019, avec le passage suivant :

« Des personnages historiques faisant autorité ont étudié la vie du Prophète de l'islam et ils l'ont reconnu comme un grand homme jusqu'à l'admirer tout en affirmant leur propre croyance en un « Créateur » que ce soit Goethe, Voltaire, Lamartine, Napoléon Bonaparte, Victor Hugo. De quoi irriter les névrosés des plateaux. Nous nous limiterons à donner des extraits des déclarations de Napoléon sur ce sujet et de reproduire le poème qu'a consacré à Mahomet Victor Hugo dans la « Légende des siècles » et nous conseillons de lire celui écrit par Goethe dans son « Diwan Oriental ». » ;

- « Quand Napoléon était le champion de l'islam », titre le Point le 24/11/2019 ;

- Nouveau livre : Le jour où Napoléon Bonaparte a prononcé la "shahada" et s'est converti à l'Islam ; « Napoléon sur le divan » nouveau livre de Dimitri Casali, 26/11/2019 ;

- « Napoléon Bonaparte serait-il mort musulman ! Entre version officielle & version présumée officieuse », Dr Aida Farhat, 06/12/2019, Les Cahiers de l'Islam, Revue d'études sur l'Islam et le monde musulman ;

- « La France et l'islam, un débat passionné de Napoléon à Macron », Yves Thréard, Le Figaro, 31/01/2021 ;

- Napoléon : un "Mahomet d'Occident", conférence à l'Université de Nantes, John Tolan, 02/02/2021 ;

- « Quand Napoléon se rêvait en nouveau Mahomet, fondateur d'une « République islamique » en Égypte, Le Monde du 4/4/2021 par John Tolan ;

- « Analyse – Napoléon, cet illustre musulman ? » Dr Mohamed Chtatou, article19.ma, 24/04/2021 ;

- « Napoléon et sa relation très originale à l'islam », Faruk Bilici, professeur émérite des universités à l'Inalco, histoirecoloniale.net, 05/05/2021

NAPOLEON BONAPARTE ÉTAIT-IL MUSULMAN ?

- « Bonaparte sauvera-t-il l'islam de France ? », Ahmed Halli, lesoirdalgerie.com, 24/05/2021.

L'islam de Napoléon sera au cœur des enjeux de l'islam en France et de l'islam de France.

Et puis n'est-ce pas raisonnable que le monde islamique commémore le bicentenaire de la mort du plus illustre des admirateurs et des sympathisants de l'Islam et de son prophète quelle que fût sa légende noire par ailleurs ?

Dépôt légal : juillet 2021

Printed in France by Amazon
Brétigny-sur-Orge, FR